心理学実験のための MATLAB

Psychology Experiments

はじめに

　本書を出版するきっかけは、私の大学院時代の経験です。

　「MATLABを使わねばならないが、どのように使っていいのか分からない」

　「そもそも、何から学んでいけばいいのか分からない」「MATLABの解説書はプログラミング初学者にとって難しすぎる」、そして、「研究が進まず時間だけが過ぎていく」

　──といったことがありました。

　その経験から、プログラミング未経験者やこれから心理学研究をはじめようと考えている方の一助になればと思い、本書を執筆しました。

　そのことを念頭に、「MATLABを用いた心理学実験の準備」「MATLABを用いた心理学実験の作成」「心理学実験で得られたデータ分析の方法」といった、MATLABの準備からデータ分析までの過程に必要な情報を抽出する形で構成されています。

　本書を読んでいただくことによって、少しでもMATLABの面白さを感じていただけたら幸いです。

＊

　本書の執筆にあたり、プログラミングのみならず、研究者としての生き方をご教授してくださった京都大学教授、齋木潤先生に感謝申し上げます。

　そして、University of Delaware (USA) 教授のKeith Schneider先生、およびYork University (Canada) 教授のRichard Murray先生には、画像の使用をご快諾していただくなど、執筆の段階で大変お世話になりました。

　また、関係各所からは、丁寧な対応や的確なアドバイスを多くいただきました。

　この場を借りてお礼申し上げます。

　最後に、家族に感謝します。

　常に筆者の支えとなり、これからも心強い存在です。

美しい宍道湖を眺めながら
菊野　雄一郎

心理学実験のための MATLAB

CONTENTS

MATLABの導入

第1章では、MATLABの導入について解説します。
はじめにMATLABのタイプを説明します。

その後で、MATLABによる心理学実験プログラミングを行うため
に必要なコンピュータの性能について解説します。

1-1　MATLABについて

　「MATLAB」（マットラブ）は、MathWorks社（https://jp.mathworks.com）で
購入できる"有償"の数値解析ソフトで、その中で使うプログラミング言語です。

　MATLABを導入する手段は、「一般向け」「アカデミック版」「学生版」「30日
無料評価版」という4つのやり方があります。

　MATLABには、大学や研究機関向けの「**アカデミック版**」と企業などの「一般
向け」の「**MATLAB**」が存在し、アカデミック版はより安価に購入できます。

　よって、大学や研究機関、企業、学生によって導入に適したタイプが異なり
ます。
　また、すぐに購入したい、MATLABがどのようなソフトであるのかを試し、
中身が分かってから購入したい、企業に勤めている、研究者である、学生であ
る、それぞれの立場によって適したMATLABのタイプはさまざまです。

　そこで、本節では、MATLABにはどのようなタイプがあるのか、どのタイ
プのMATLABを導入すればいいのかについて解説していきます。

■一般向け

　企業が使うなど、「一般向け」のMATLABは、MathWorks社の公式サイトで購入できます。

・MathWorks

```
https://jp.mathworks.com/pricing-licensing.html?intendeduse=comm&s_tid=htb_learn_gtwy_cta1
```

　「一般向け」のMATLABには「**企業/官公庁**」向けのほか、非営利目的の「**個人**」向けが存在します。

　「個人」向けでは、特定のアドオン製品を購入することができないため、本格的な実験や解析を行なう際は、「企業/官公庁」向けを購入することが推奨されます。

■アカデミック版

　「アカデミック版」のMATLABは、「大学」や「研究機関」向けです。

　アカデミック版MATLABを購入するには、大学や研究機関等の電子メールアドレスを使って問い合わせをする必要があります。

> ※MathWorksは、学生および自宅使用ユーザーへの個別対応を行なっていません（2021年9月時点）。

　MATLAB本体とツールボックスをあわせると、数十万円にもなります。
（具体的な価格は、MathWorksの営業担当者に問い合わせてください）

■学生版

　購入者が学生の場合には、「学生版」のMATLABがあります。

　学生版MATLABは、アカデミック版で購入すると数十万円もする製品を1万円前後で購入することができます（2021年3月時点）。

　しかし、学生版MATLABを購入するためには、学位を授与する機関より発行された証明書（学生証など）が必要となり、政府、民間企業などでは購入・使用できません。

　大学などの研究機関であれば、ネットワークライセンス、キャンパスライセンス（大学等が所有しているライセンスを所属教職員や学生に提供することができる）などをチェックする方法もあります。

■30日無料評価版

　上記のいずれにも該当しない場合は、30日無料評価版を使ってみて下さい。

　一般向け、アカデミック版、学生版のいずれにしても、MATLABは、高価なソフトウェアであり、まずは無料評価版を使ってみてから、MATLABの購入を検討するのも方法の1つかもしれません。

・無料体験版

```
https://jp.mathworks.com/campaigns/products/trials.html?prodcode=ML
```

1-2　　コンピュータの性能について

　MATLABによる心理学実験プログラミングを始める前に気をつけておきたいポイントは、使用者のコンピュータで、MATLABと心理学実験向け拡張パッケージである「Psychtoolbox」（詳細は第3章）を動かすことができるかどうか、という点です。

　コンピュータにある程度の性能が備わっていないと、MATLABを動かすことができません。また、正しくプログラムを書いても、動作確認ができず、心理学実験を作るために前へ進むことができません。

　筆者がMATLABを使いはじめた学生のころ、自宅のコンピュータでMATLABを使おうとしましたが、プログラムがうまく動作せず困ったことがありました。
　そこで、大学の高性能コンピュータを使うと、同じMATLABのプログラムが問題なく動作したことがありました。

　プログラムが作動しない真の原因は自宅のコンピュータの性能であったのですが、当初の私は自分自身の書いたプログラムが間違っていると思い、何度も試行錯誤を重ね多大な時間と労力をかけたことがあります。

　読者にはこのような時間を省いてもらえるよう、最低限必要なコンピュータの性能（スペック）を紹介します。

■MATLABを用いた心理学実験に必要なコンピュータの性能

　コンピュータにあまり詳しくない方は、まずはグラフィックボード性能を重視してください。

　詳細は、後述するPsychtoolboxのサイトに記載されていますが、NVIDIA社製やAMD社製等グラフィックに強いボードが搭載されているコンピュータであれば、動作確認だけをするのには充分です。

・Psychtoolbox

http://psychtoolbox.org/requirements.html

　ただし、これはあくまでも動作確認をするために必要な最低限の機能であり、心理学実験で本格的に使うには、後述するその他の留意点を考慮する必要があります。

　実際の心理学実験で使うためには、実験に合わせてカスタマイズしたコンピュータを準備しておく必要があります。

　たとえば、高い精度の画像呈示時間制御が必要な場合（0.001秒単位）には、高いスペックのグラフィックボードを搭載したコンピュータである必要があります。

　Macの場合は、「Terminal.app」を起動し、「system_profiler SPDisplaysDataType」とタイプして、実行する（Enterキーを押す）と、図1-1のように読者のコンピュータのグラフィックボードの情報が表示されます。

　図1-1の例では、「Intel社製」（Intel UHD Graphics 630）と「AMD社製」（AMD Radeon Pro 5500M）が搭載されています。

```
yuichirokikuno@YuichironoMacBook-Pro ~ % system_profiler SPDisplaysDataType
Graphics/Displays:

    Intel UHD Graphics 630:

        Chipset Model: Intel UHD Graphics 630
        Type: GPU
        Bus: Built-In
        VRAM (Dynamic, Max): 1536 MB
        Vendor: Intel
        Device ID: 0x3e9b
        Revision ID: 0x0002
        Automatic Graphics Switching: Supported
        gMux Version: 5.0.0
        Metal Family: Supported, Metal GPUFamily macOS 2

    AMD Radeon Pro 5500M:

        Chipset Model: AMD Radeon Pro 5500M
        Type: GPU
        Bus: PCIe
        PCIe Lane Width: x8
        VRAM (Total): 8 GB
        Vendor: AMD (0x1002)
        Device ID: 0x7340
        Revision ID: 0x0040
        ROM Revision: 113-D3220E-190
        VBIOS Version: 113-D32206U1-019
        Option ROM Version: 113-D32206U1-019
        EFI Driver Version: 01.A1.190
        Automatic Graphics Switching: Supported
        gMux Version: 5.0.0
        Metal Family: Supported, Metal GPUFamily macOS 2
```

図1-1　Macでのグラフィックボードの確認

「Terminal.app」は、「Launchpad」の中からアプリケーションを探すか、「Sporlight検索」で「Terminal.app」と入力するなどをして起動してください。

なお、Macユーザーの場合、「Terminal.app」を使うことがあるので、Dockに追加しておくといいと思います。

Windowsでは、コマンドプロンプトを起動し、「wmic path win32_VideoController get name」とタイプし、実行すると、**図1-2**のように、「グラフィックボードの情報」(Intel (R) Graphics 4000)が表示されます。

```
C:¥Users¥kikuno>wmic path win32_VideoController get name
Name
Intel(R) HD Graphics 4000
```

図1-2　Windowsでのグラフィックボードの確認

以上が、MATLABを用いた心理学実験に、最低限必要なコンピュータの性能です。

他にも必要なコンピュータ性能の要件がありますが、詳細は**第3章**で述べます。

1-3 本書の流れ

　本書は、MATLABを使ったことがない、あるいは初学者の方を主な対象としています。

　MATLABの基礎を理解し、実験で応用できるように段階を追いながら、徐々に理解できるように解説しています。

　具体的には、「MATLABの準備の仕方」(**第1章**から**第3章**)、MATLABを使って「心理学実験のプログラムの仕方」(**第4章・第5章**)、心理学実験で得られた「データの分析の仕方」(**第6章**)について学べるようになっています。

＊

　第1章から**第3章**では、MATLABによる心理学実験を行なうための下準備である、「MATLAB」および「Psychtoolbox」のインストールの手順をやや詳細に解説しています。

　MATLABによる心理学実験の下準備については、下記の7ステップで解説していきます。

---
①MATLABについて(第1章)
②コンピュータのスペックについて(第1章)
③無料評価版MATLABのインストール(評価版MATLAB試用者のための解説)(第2章)
④購入したMATLABのインストール(MATLAB購入者ための解説)(第2章)
⑤MATLABの基本操作　(第2章)
⑥Psychtoolboxのインストール(第3章)
⑦デモプログラムの実行(第3章)

　下準備の作業の流れは、**図1-3**の通りです。

　「MATLAB」と「Psychtoolbox」の2つのプログラムをインストールします。

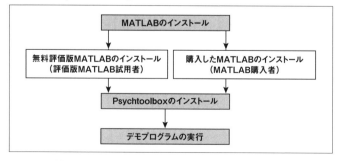

図1-3　MATLABの下準備の流れ(第1章から第3章)

　これら2つのプログラムのインストールを行ないますが、「MATLABのインストール」はMATLABを作動するための準備であり、「Psychtoolboxのインストール」は心理学実験を作るため準備です。

　MATLABをインストールする際には、評価版MATLAB試用者とMATLAB購入者でインストールの仕方が多少異なるので、それぞれの読者のMATLABに合わせてインストールの仕方を解説します。

　2つのプログラムをインストールした後で、Psychtoolboxにある簡単なデモプログラムを走らせて、MATLABの雰囲気を味わってみましょう。

　どのようなデモがパソコン画面に登場するか楽しみにしてください。

＊

　第4章から**第5章**では、具体的な実験の例を用いて、MATLABを使って心理学実験をどのようにプログラミングするのかを解説しています。

　第4章では、基礎編として、心理学実験の基礎的手続きのプログラムについて説明しています。

　コンピュータ画面に文字を出すこと、実験参加者が押したキーボード反応を記録すること、キーボード反応までの時間の記録すること、反応データをファイル形式で記録すること、呈示刺激を画像にした場合の反応取得及び反応データ保存することについて解説しています。

　第5章では、応用編として、実験条件や実験手続きの対応の仕方や条件の精密さについて解説しています。

　具体的には、実験条件ファイルを読み込む手続き、複数試行の実行及び条件毎の画面呈示、実験条件のランダマイズ、複数試行の反応を取得し反応を記録する方法、刺激の提示時間の制御をより精密にする方法を解説しています。

　MATLABを使って心理学実験を作る楽しさを味わってください。

＊

　第6章では、心理学実験で得られたデータの分析の仕方について解説しています。

　具体的には、実験データの読み込みの仕方、データの可視化の仕方、平均・標準偏差の算出、t検定や分散分析など統計的検定をMATLABでどのようにプログラミングできるのかを解説していきます。

　データのグラフ化の仕方や統計的検定の導き方を学んでください。

　※本書で解説している内容は、2021年8月時点でのものです。

第2章

MATLABのインストールと基本操作

第2章では、MATLABのインストールと基本操作について解説します。

MATLABのインストールの方法として、「無料評価版MATLAB」のインストールと、「購入したMATLAB」のインストールの2つの方法があります。

それぞれのタイプに合わせたインストールの仕方を説明した後で、MATLABの基本操作について解説し、MATLABをどのように使うのかを学んでいきます。

2-1 「無料評価版」のインストールと解説

本節では、無料評価版MATLABのインストールを解説します。

すでにMATLABを購入済みの場合は、2-2「購入したMATLABのインストールと解説」に進んで、そちらの解説を読んでインストールしてください。

第1章で述べた通り、MATLABは高価なソフトウエアです。

したがって、購入するのを躊躇してしまうことがあるかと思われます。

そのような場合は、30日間無料評価版のMATLABを使ってみて下さい。

Firefoxなどのブラウザで「matlab　評価版」などと検索する、もしくは下記のリンクへアクセスすると、30日間無料評価版のMATLABをインストールする画面にアクセスできます。

・無料評価版 MATLAB

https://jp.mathworks.com/campaigns/products/trials.html?prodcode=ML

■無料評価版MATLABへのアクセスとインストールの手順

無料評価版MATLABのページにアクセスできたら、次は無料評価版MATLABのインストーラをダウンロードし、コンピュータにインストールしていきます。

インストールには、大きく下記のステップがあります。

[1] 電子メール、パスワードの入力
[2] ダウンロードするパッケージの選択
[3] MATLABインストーラのダウンロード
[4] ライセンス許諾
[5] 無料評価版MATLABのインストール

本書では、初めてMATLABをインストールする方がほとんどだと想定されるため、インストール手順の説明文と、インストール中の画面を、併せて解説をしていきます。

手　順

[1] 電子メール、パスワードの入力

無料評価版のMATLABにアクセスすると、「**職場または大学の電子メール**」を入力する画面がでてきます。

「職場または大学の電子メール」のところに電子メールアドレスを入力し、「次へ」をクリックします。

その後は、電子メール、パスワードの入力をして進んでください。

アカウントをもっていない場合は、「作成しましょう」の部分をクリックしてアカウントを作ります。

パスワード入力後の画面では、「評価版ダウンロード」の画面が出てきます。

該当箇所の質問に答えた後、「送信」ボタンをクリックします。

[2] ダウンロードするパッケージの選択

「送信」ボタンをクリックすると、「ダウンロードする評価版パッケージの選択」という画面がでてきます。

　ここでは、「MATLABの基礎」をクリックします。

　なお、上部に「MATLAB Online評価版を使ってみる」とありますが、「MATLAB Online評価版」は若干、機能面での制限があるので、ダウンロード版を選択してください。

　その後、評価版MATLABに含まれるツールボックスのリストが出てくるので、「選択して次に進む」をクリックします。

[3] MATLABインストーラのダウンロード

　「選択して次に進む」をクリックすると、インストーラをダウンロードする画面が出てきます。

　ここでは、「今使っているOS」（Windows、Mac、Linux）を選んでクリックします。

　使っているパソコンのOS（Windows、Mac、Linux）を選択してクリックすると、インストーラのダウンロードが始まります。

　インストーラの保存先は分かりやすいところ（デスクトップなど）に保存するようにしてください。

　インストーラを起動して、先ほど入力した「電子メールアドレス」「パスワード」を入れてサインインします。

[4] ライセンス許諾

　ここでは、「MathWorksライセンス許諾条件」に同意し、「次へ」をクリックします。

　「ライセンスの選択」の画面が出てきたら、「ラベル」に「MathWorks Trial」となっているライセンスを選択し、「次へ」をクリックします。

　すると、MATLABを保存する場所について聞かれます。

　特別な事情がなければ、他のソフトが入っているフォルダ（Windowsの場合は「Program Files」、Macの場合は「Applications」など）にインストールしてください。

　次に、インストールされる製品の一覧（「製品の選択」画面）が出てきます。

　デフォルトではすべて選択された状態になっています。

　続けて「オプションの選択」が出ますが、そのまま「次へ」をクリックしてください。

[5] 無料評価版MATLABのインストール
　「**選択の確認**」の画面で最終確認をして、「**インストールの開始**」をクリックします。
　「**インストールの開始**」のクリック後、インストールが始まります。
　インストール後、「**インストールの完了**」という画面が出てくるので「閉じる」をクリックします。

　インストールが終わったら、MATLABを起動してみてください。

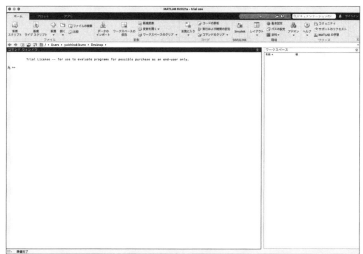

図2-1　評価版MATLAB

　図2-1が、評価版MATLABの画面です。
　後述する正規版とほぼ同じ画面で、後に解説する心理学実験で必要な「Psychtoolbox」も動作します。

　これで、「評価版MATLAB」をコンピュータにインストールする作業が終了しました。

2-2　購入したMATLABのインストールと解説

ここでは、MathWorksよりMATLABを購入ずみであることを前提として、MATLABのインストールについて説明していきます。

MATLABをインストールするためには、「MATLABインストーラ」が必要です。

※評価版MATLABをインストールした方やインストール用DVDを持っている場合は、「2-3　MATLABの基本操作」へ進みます。

　MATLABを買うことを検討している場合は、2-1の手順で評価版をインストールして、「2-3　MATLABの基本操作」へ進んでください。

■MATLABインストールの手順

MathWorksよりMATLABを購入した後、使うコンピュータにインストールします。

インストールまでには、大きく下記のステップがあります。

---

[1] MathWorksのHPでログイン
[2] MATLABインストーラのダウンロード
[3] ライセンス許諾
[4] MATLABのインストール

手　順

[1] MathWorksのHPでログイン

「MATLABインストーラ」がない場合は、MathWorksの公式サイトへ行き、「ログイン」してください。

MathWorksのアカウントをもっていない場合は、アカウントを作ります。

・**MathWorks**

http://jp.mathworks.com/index.html

[2] MATLABインストーラのダウンロード

ログイン後、「マイアカウント」へ進み、「ライセンス」下にあるライセンス番号をクリックします。

続いて、「製品の管理」タブの「ダウンロード」をクリックしてください。

次の画面で、MATLABインストーラのダウンロード画面が出てきます。

必要なMATLABバージョンを選択し、「ダウンロードボタン」をクリックします。

ダウンロードボタンの右にある「逆三角形ボタン」(▽)をクリックと、他のプラットフォームのインストーラをダウンロードできます。

Macの場合、図2-2のようなファイルがダウンロードされ、ダブルクリックするとMATLABインストーラが表示されます。(図2-3)

図2-2 解凍前のインストーラ

図2-3 解凍後のインストーラ

図2-3のインストーラをダブルクリックして起動して、MATLAB購入時に登録した「電子メールアドレス」と、「パスワード」を入れてサインインします。

※なお、この方法でのインストールは、インターネット接続が必要なので、インターネット接続を確認した上で次へ進んでください。

[3] ライセンス許諾条件の確認

　続いて、「MetaWorks ライセンス許諾」の画面が出るので、ライセンス許諾条件を確認し、「はい」→「次へ」の順番でクリックします。

　「**ライセンス選択**」の画面が出たら、購入したライセンスを選択し、「次へ」をクリックします。
　続く「**ユーザーの確認**」の画面では、購入時に登録した「名」「姓」「電子メール」を入力し、「次へ」をクリックします。
　このステップでは、ネットワークを介して「ライセンス認証」を行なっています。

　「ライセンス認証」とは、ソフトに割り当てられたプロダクトキーを使用するパソコンと関連付けることです。
　「Word」「Excel」などの Microsoft Office と同様、MATLAB においても、ソフトを使用する前には、ライセンス認証が必要です。

[4] MATLAB のインストール

　ライセンス認証ができたら、MATLAB を PC のどこへインストールするかを設定する「保存先フォルダーの選択」の画面が出てきます。

　インストール先に充分な空き容量があることを確認して「次へ」をクリックします。
　特別な事情がなければ、他のソフトが入っているフォルダ（Windows の場合は「Program Files」、Mac の場合は「Applications」など）にインストールしてください。

　「製品の選択」の画面では、インストールする製品の選択をします。

　購入した製品の内容によって画面は異なります。
　たとえば、MATLAB 本体の他に、「MATLAB の拡張パッケージ」（Toolbox）が 6 つ表示されます。

　インストールする製品の選択後、「次へ」をクリックします。

　「選択の確認」の画面がでるので、「インストールの開始」をクリックすると、インストールが始まります。

Column　MATLABのアクティベーションについて

「アカデミック版MATLAB」では、最大4台までのパソコンにMATLABをインストールできます。

よって、5台目にインストールしたい場合は、新たにライセンスを追加するか、すでにライセンス認証されたパソコンのMATLABを無効化する必要があります。

ライセンス認証されたパソコンのMATLABを無効化したい場合、MathWorksのマイアカウントにてライセンスを選択した後、「インストールとアクティベーション」タブをクリックして、「コンピューターのアクティベーションを停止」をクリックします。

ライセンスを無効化する前に、無効化するPCの「Host ID」を調べます。

「Host ID」の調べ方は、Macの場合、ターミナルを起動し「netstat -I en0」と入力後、Enter キーを押して実行します。

一番上のAddressが「Host ID」です。

図2-4　Host ID（Mac）

Windowの場合、コマンドプロンプトを起動し、「getmac」と入力して実行します。

一番上の物理アドレスが「Host ID」になります。（図2-4）

図2-5　Host ID（Windows）

ライセンスを無効化するPCのHost IDを確認できたら、「アクティベーション停止」下にある×印をクリックします。

最後に、「アクティベーション停止」をクリックすることでライセンス認証されたパソコンのMATLABを無効化することができます。

2-3　MATLABの基本操作

MATLABは数値解析ソフトで、「**MATrix LABoratory**」の略称です。

MATrix、つまり行列計算などを特徴として、行列計算以外にもベクトル演算、グラフ化や3次元表示なども可能です。

MATLABを使って心理学実験を行なうにあたって、行列計算やベクトル演算がどのように関係してくるか、最初はピンとこないと思いますが、使っていくうちにその重要性が分かってきます。

そのための第1ステップとして、MATLABを使うための基本操作を理解していきましょう。

本節では、MATLABをどのように使うのかについて解説していきます。

MATLABを操作するためには、エディターなどにコマンド(コンピュータへの司令)を書き入れ、プログラムを実行し、その結果をコマンドウインドウに出力することが必要です。

MATLABの基本操作は、以下の手順で行ないます。

[1] ホーム画面・エディターにコマンドを書き入れる。

[2] プログラムを実行する。

[3] 結果をコマンドウインドウに出力する

手 順

[1] ホーム画面・エディター

MATLAB を起動すると、**図2-6**の画面が出てきます。

MATLAB ではこれがホーム画面です。

ここでメインとして使われるのが「コマンドウインドウ」部分になります。

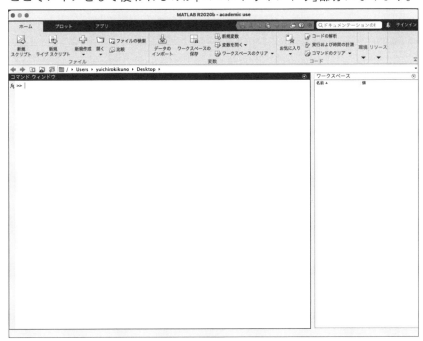

図2-6　ホーム画面

それでは、「コマンドウインドウ」に英語で「edit」と入力して enter キーを押して下さい（又は、こちらのホーム画面の一番左にある「新規スクリプト」をクリックしてください）。

すると、**図2-7**の画面がでてきます。

図2-7　エディター

　これは、エディターと呼ばれる、プログラムを書く場所です。

　詳細は後述しますが、MATLABで心理学実験を作ると、このページが「文字」「数字」「記号」でいっぱいになります。

[2] エディターで作成したプログラムをMATLABで実行:計算のプログラムの作成

　それでは、先ほどのMATLABのホーム画面（コマンドウインドウ）へ戻ってください。

　このコマンドウインドウでは、電卓のように計算をすることができます。

　たとえば、「1+1」の計算をしてみたい場合は、コマンドウインドウに「1+1」と入力し、enterキーを押します。

　すると、図2-8のように、「ans=2」という答を導き出すことができます。

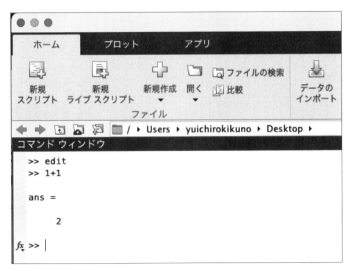

図2-8　計算の実行

　同様のことが、先ほど紹介したエディターを使ってでもできます。

　それでは、図2-9のように、先ほどのエディターに同じ内容を書き込んでみましょう。

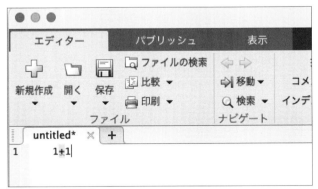

図2-9　エディター上での計算

続いて、エディター上部のメニュー欄にある「実行」ボタンを押してください。

　すると、図2-10のように、「名前を付けて保存するファイルの選択」の画面が出るので、任意のファイル名を付けて保存を押してください。
　ここでは「untitled.m」のままで保存します。

図2-10　ファイルの保存

すると、図2-11のような結果がコマンドウインドウに出てきます（ファイル名を「untitled.m」とした場合）。ここまでのところで、「エディターで作ったプログラムをMATLABで実行する」という作業ができるようになりました。

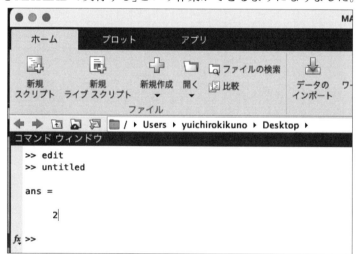

図2-11　エディターで作ったプログラムをMATLABで実行する

　本節では、エディターで書いたことを実行し、その結果をコマンドウインドウに出力することを解説しました。

　ここまでできれば、「エディターで書いたプログラムをMATLABで実行する」という基本的なMATLAB手順の学習は完了です。

　その他、MATLABの操作方法やインターフェイスなどについての説明をしたいところですが、本節ではMATLABで心理学実験を動作させるための最低限必要な操作方法のみを抽出しています。

　基本的な操作方法については、「MATLAB入門」（工学社）など、他の解説書を参照してください。

第**3**章

Psychtoolboxの導入

第3章では、「Psychtoolbox」について解説していきます。
　はじめにPsychtoolboxとは何か、どのような動作環境が必要で
あるのか、Psychtoolboxのインストールの仕方を説明し、最後に
Psychtoolboxに含まれるデモプログラムを実行して、Psych
toolboxの便利さや実験の可能性について解説していきます。

3-1　　　　　Psychtoolboxとは

　MATLABには「**Psychtoolbox**」という、心理学実験に特化したプログラムパッ
ケージ(以下、ツールボックス)が存在します。

　「ツールボックス」とは、心理学実験を作るために便利なパーツを集めた
MATLAB用のパッケージです。

　MATLABで心理学実験を行なうには、Psychtoolboxをインストールする必
要があります。

> ※なお、Psychtoolboxをインストールするには、MATLABインストール時と同
> 様に、コンピュータがネットワークに接続されている必要があります。

　Psychtoolboxでは、「GNU/Linux」での利用が推奨されています。

・Psychtoolbox

http://psychtoolbox.org/

　しかし、プログラミングを始めた読者の多くは「Windows」、もしくは「MacOS」
を利用していることが考えられます。
　そのため、本書では、読者が「Windows」、または「MacOS」を利用している
ことを前提に話を進めていきます。

*

まずPsychtoolboxを使うために準備するものについて、解説していきます。

■Psychtoolboxの動作環境

Psychtoolboxをインストールし、実験を行なうための必須事項として、以下に示した「MATLABのバージョン」「ビデオカード」「Subversion」「GStreamer」「サウンドカード」を確認します。

●MATLAB

Psychtoolboxは MATLABの拡張パッケージであるため、当然MATLABが必須です。

MATLABには「32ビット版」と「64ビット版」がありますが、できるだけ64ビット版のMATLABをインストールするようにしてください。

古いバージョンのMATLABは「Psychtoolbox 3」に対応していないため(2021年4月時点)、なるべく最新バージョンのMATLABをインストールしておく必要があります。

●ビデオカード

高度な時間精度(1000分の1秒単位)を要する実験を組みたい場合、高性能な「ビデオカード」が必要です。

ビデオカードは、AMD社かNVIDIA社の製品で、「OpenGL2.1以上が動作するもの」を選ぶことが勧められています。

ただし、NVIDIA社製でも、ハイブリッドグラフィックス(例:NVIDIA Optimus)を用いたノートパソコンは、時間精度が保証されないため、推奨されていません。

●Subversion

Psychtoolboxのバージョン管理のため、「Subversion」というフリーウェアをインストールしておく必要があります。

「Windows」と「MacOS」ではダウンロード先が異なるので注意が必要です。

・Windows

> https://sliksvn.com/download/

・MacOS

> http://www.collab.net/downloads/subversion

　MacOSで「Xcode Development tools」がインストールされている場合は、すでに「Subversion」がインストールされているため、「Subversion」のインストールの必要はありません。

Column OpenGLとは

> 「OpenGL」(Open Graphics Library)とは、2次元、あるいは3次元グラフィックス API(Application Programming Interface)です。
> 　「API」とは、ソフトウェアからOSの機能を利用するための仕様を指します。
>
> 　「OpenGL」には複数のバージョンがあり、使うグラフィックスカードによって、サポートするバージョンが異なります。
>
> > ※グラフィックスカードとは、絵や文字を画面に呈示するための処理を行なうパーツを指します。
>
> 　たとえば、「NVIDIA GeForce GT 640M」というグラフィックスカードを搭載したパソコンを使用した場合、「OpenGL4.5」がサポートされています。
>
> ・NVIDIA GeForce GT 640M
>
> > http://www.geforce.com/hardware/notebook-gpus/geforce-gt-640m/specifications
>
> 　Psychtoolboxにおいても、正確な刺激呈示時間や刺激を高品質にするために、「OpenGL2.1」よりも上のバージョンを使用することが推奨されています。
>
> > ※2021年4月時点:http://psychtoolbox.org/requirements/
>
> 　実験用PCを購入する際には、この点を考慮するようにしてください。

　上述した作業は、Psychtoolboxをインストールし、実験を行なうための必須事項です。

　また、必須ではありませんが、時間精度の高いサウンドカードや呈示画像の保存に必要な「GStreamer」についても、少し触れておきます。

●GStreamer

　「GStreamer」は、呈示する画像の保存や動画を再生したいときなどに必要です。

　こちらも「Windows」と「MacOS」ではダウンロード先が異なります。

　いくつかのバージョンがありますが、最新版をダウンロードしてください。

・Windows

https://gstreamer.freedesktop.org/data/pkg/windows/

・MacOS

https://gstreamer.freedesktop.org/data/pkg/osx/

●サウンドカード

　「Windows」の場合、時間精度を高めるため、「ASIO」に対応したサウンドカードが必要となります。

　「Mac」では、OSがサポートするサウンドカードであれば特に指定はありません。

●その他の注意点

・Windowsの場合

　「Microsoft Visual C runtime」ライブラリをインストールしておく必要があります。

http://www.microsoft.com/en-us/download/confirmation.aspx?id=21254

　「Psychtoolbox3.0.17」では、「Windows7/8/8.1」がサポートされていないため、Windows10が必要です。

　また、Psychtoolbox 3.0.16はWindowsXPがサポートされていないため、

Windows Vista以降のマシンが必要です（2021年4月時点）。

・Macの場合

「Psychtoolbox 3.0.12」はMacOSX10.7以上のバージョンでのみ動作します。

http://psychtoolbox.org/requirements.html

「MacOSX10.6」や「10.7」の場合は「Psychtoolbox3.0.11」を、「MacOSX10.4」や「10.5」の場合は「Psychtoolbox3.0.10」（32ビット版MATLABで動作）を使う必要があります。

　古いバージョンのPsychtoolboxをダウンロードする場合は、以下のリンクを参照して下さい。

http://psychtoolbox.org/download/

なお、その他の注意点がPsychtoolboxのHPで随時更新されます。

　Psychtoolboxのバージョンが更新されたり、WindowsやMacなどのOSバージョンが更新されると、これまで使えていたPsychtoolboxの機能が使えなくなる場合があります。

　そのような場合は、英文による記述にはなりますがPsychtoolboxの「System Requirements」を適宜確認する必要があります。

http://psychtoolbox.org/requirements.html

■Psychtoolboxをインストールする

それでは、Psychtoolboxをインストールしていきましょう。

インストールする前に、「Psychtoolboxがすでにインストールされているかの確認」をして、その後で「Psychtoolboxのインストールをする」ことが重要です。

●Psychtoolboxがすでにインストールされているかの確認

Psychtoolboxをインストールする前に、「MATLAB」コマンドウィンドウに

```
PsychtoolboxVersion
```

というコマンドを実行し、Psychtoolboxがすでにインストールされているかを確認します。

●Psychtoolboxがインストールされている場合

Psychtoolboxがインストールされていた場合、以下の結果が返ってきます。(図3-1)

> ※Psychtoolboxのバージョンによって、結果は異なります。

最初の数字(例では「3.0.17」の「3」)が、「Psychtoolboxのバージョン」となります。

```
>> PsychtoolboxVersion

ans =

    '3.0.17 - Flavor: beta - Corresponds to SVN Revision 11387
    For more info visit:
    https://github.com/Psychtoolbox-3/Psychtoolbox-3'

fx >> |
```

図3-1　Psychtoolboxのバージョン確認

> ※Psychtoolboxのバージョンによって最初の数字が異なります。

●Psychtoolboxがインストールされていない場合

Psychtoolboxがインストールされていない場合、以下のようなエラーが返ってきます。（図3-2）

```
>> PsychtoolboxVersion
関数または変数 'PsychtoolboxVersion' が認識されません。

fx >> |
```

図3-2　インストールされていない場合

古いバージョンのPsychtoolboxがインストールされている場合は、Psychtoolboxがインストールされているフォルダ位置を確認し、フォルダをゴミ箱へドラッグするなどして古いPsychtoolboxを削除してください。

●Psychtoolboxのインストールの手順

Psychtoolboxのインストール手順は、パソコンのOSによって若干異なります。

以下では、OSごとにインストール手順を紹介していきたいと思います。

手　順　Windowsの場合

Windowsでは、「Subversion」をインストールする必要があります。

・Subversion

https://sliksvn.com/download/

[2] Psychtoolboxダウンロードのページへ行き、「Psychtoolbox installer」をデスクトップへダウンロードします（図3-3）。

・ダウンロードページ

http://psychtoolbox.org/download/

> 2. Download the Psychtoolbox installer **to your desktop**.
>
> 3. Open the **My Computer** icon (it is
>   Menu).
> 4. Double-click on the **C: drive** icon.
> 5. Create a new folder called **toolbo**
>   the **toolbox** folder.
> 6. Move the Psychtoolbox installer (
>
> | リンクを新しいタブで開く(T) |
> | リンクを新しいウィンドウで開く(W) |
> | リンクを新しいプライベートウィンドウで開く(P) |
> | このリンクをブックマーク(L) |
> | 名前を付けてリンク先を保存(K)... |
> | リンクの URL をコピー(A) |
> | Google で検索: "Psychtoolbox in..."(S) |

図3-3 「Psychtoolbox installer」を右クリックで保存

[3] (デスクトップ、もしくはスタートメニューにある「My Computer」を開き、C ドライブの中に図3-4のように「toolbox」というフォルダを作ります。(図3-4)

その後、デスクトップ上にある「DownloadPsychtoolbox」を「toolbox」フォルダへ移動させます。(図3-5)

(これは、「toolbox」というフォルダにpsychtoolbox をインストールすることを想定しています)

図3-4 toolboxフォルダ

図3-5 DownloadPsychtoolbox

[4] 管理者権限でMATLAB を起動します。

図3-6のように、MATLABアイコンを右クリック後、「管理者として実行」を選択する必要があります。

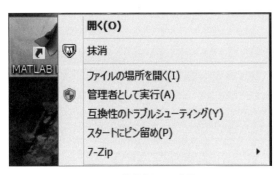

図3-6　管理者として実行

以下のコマンドを「MATLABコマンドウィンドウ」に打ち込み、実行します。

```
cd C:¥toolbox
DownloadPsychtoolbox('C:¥toolbox')
```

Psychtoolboxのダウンロードおよびインストールが始まります。（図3-7）
ダウンロードが終わるまで待機してください。

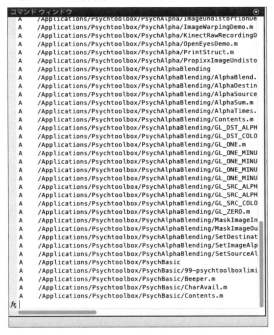

図3-7　インストール

手 順 Macの場合

先ほど、パソコンのOSによってPsychtoolboxのインストール手順が異なると述べましたが、Macでは、さらにOSバージョンによっても異なります。

[1]「MacOSX 10.5」より前のバージョンの場合、「Subversion」をインストールする必要があります。

・Subversion

https://sliksvn.com/download/

「MacOSX10.5」以上で「Apple's XCode Development tools」がインストールされていたら、「Subversion」をインストールする必要はありません。

なお、PCのOSバージョンは「sw_vers」コマンドを「Terminal.app」で実行することで確認できます。(図3-8)

図3-8　OSバージョンの確認

[2] Psychtoolbox ダウンロードのページへ行き、リンクになっている部分(Psychtoolbox installer) を右クリック。

「別名でリンク先を保存」で、デスクトップにファイルを保存します。(図3-9)

・ダウンロードページ

http://psychtoolbox.org/download/

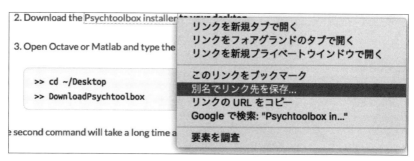

図3-9 「Psychtoolbox installer」を右クリックで保存

[3] デスクトップに以下のファイルが保存されていることを確認してください。
（図3-10）

DownloadPsychtool
box.m

図3-10 DownloadPsychtoolbox

[4] MATLAB を起動し、以下のコマンドを実行します。（図3-11）

```
>> cd ~/Desktop;
fx >> DownloadPsychtoolbox
```

図3-11 「DownloadPsychtoolbox」の実行

　「DownloadPsychtoolbox」を実行すると、Windows と同様（図3-7）に、
Psychtoolboxのダウンロード、およびインストールが始まります。

3-2　　デモプログラムの実行

ここまでのところで、Psychtoolboxのインストールが終了しました。

そこで、Psychtoolboxとはどのようなツールボックスであるのかを理解するために、Psychtoolboxに保存されているファイルからデモプログラムを選択し、実行してみましょう。

■デモプログラムの選択

Psychtoolboxのダウンロードが終わったら、「Psychtoolbox」フォルダにたくさんのファイルが作られています。

たとえば、Macの場合、**図3-12**のようなファイルなどが保存されています。

図3-12　「Psychtoolbox」フォルダ

「Psychtoolbox」フォルダの中に、「**PsychDemos**」というフォルダがあります。（図3-13）

このフォルダを開くと、さらに多くのフォルダやファイルがあります。

これらは「デモプログラム」なので、ご自身でプログラムを組む前に、そもそもPsychtoolboxが自分のパソコンで動くのか、デモプログラムを走らせて動作確認をします。

図3-13 デモプログラム

■デモプログラムの実行

さっそく、「DotDemo.m」というプログラムを走らせてみましょう。

デモプログラムを動かす前に、「パス設定」が必要なので、その方法を紹介します。

手 順

[1] MATLABのホーム画面(MATLABコマンドウインドウ上部のメニュー)にある、「パスの設定」をクリックします。(図3-14)

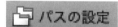

図3-14 パスの設定

[2]図3-15のようなパス設定の画面が表示されます。

図3-15 パス設定メニュー

　ここでは、先ほどダウンロードした「Psychtoolbox」フォルダを、MATLAB
検索パスに追加します。

　この作業をしないと、MATLABが「Psychtoolbox」フォルダ内にあるデモプ
ログラム(例:DotDemo.m)を探しにいってくれず、うまくデモが動作しません。
　フォルダの追加オプションは、「フォルダを追加」と「サブフォルダも追加」が
あります。

　「フォルダを追加」は指定したフォルダのみをMATLAB検索パスに加えてく
れます。
　「サブフォルダも追加」は、指定したフォルダの中にあるすべてのフォルダを
MATLAB検索パスに加えます。

[3] Psychtoolboxのパス設定では、「サブフォルダも追加」を選択します。
　図3-16のように追加したいフォルダを選択する画面が出てくるので、
Psychtoolboxを以下のように選択して、「開く」をクリックします。

図3-16　Psychtoolboxを選択

　すると、図3-17のように「MATLAB検索パス」にPsychtoolboxのパスが追加
されます。

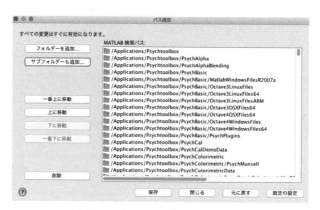

図3-17 「MATLAB検索パス」に追加

[4] 最後に「保存」、「閉じる」の順でクリックして、パス設定を終了します。

■デモを走らせる

手 順

[1] MATLABのコマンドウィンドウに「DotDemo」と打ち込み、実行します。(図3-18)

図3-18 「DotDemo」を実行

[2] 図3-19のようなさまざまな色のドットが動いているアニメーションが呈示されます。

図3-19 ドットが動くアニメーション

[4] 終了したいときは、キーボードのボタンを1つ押すか、マウスをクリックします。

> ※いずれかのキーを押すか、クリックをしないかぎり、このデモは終わりません。

[5] もし、デモが動作しない場合、「edit DotDemo」というコマンドをコマンドウィンドウへ打ち込んで、実行します。（図3-20）

図3-20 「edit DotDemo」

すると、「DotDemoのスクリプト」が表示されます。
表示されたリスト3-1のようにスクリプトの2行目に、

`Screen('Preference', 'SkipSyncTests', 1);`

を入れて、再度実行してみてください。

リスト3-1 「DotDemo」(Schneider.K,作成)のスクリプト

```
DotDemo.m  ×  +
1   function DotDemo(showSprites, waitframes)
2 - Screen('Preference', 'SkipSyncTests', 1);
3   %
4   % dot motion demo using SCREEN('DrawDots') subfunction
5   %
6   % Usage: DotDemo([showSprites = 0][, waitframes = 1]);
7   %
8   % The optional parameter 'showSprites' when set to 1, will draw little
9   % smiley textures instead of dots, demonstrating sprite-drawing. A zero
10  % setting, or omitting the setting, will draw dots. A value of 2 will draw
11  % filled rectangles via textures instead, (ab-)using texture drawing and
12  % filtering to allow subpixel positioning of drawn rectangles on the
13  % screen. We slow down the animation for non-zero 'showSprites' so you can
14  % appreciate the anti-aliased smooth subpixel movement better.
15  %
16  % 'waitframes' Number of video refresh intervals to show each image before
17  % updating the dot field. Defaults to 1 if omitted.
18  %
19  % You can exit the demo by any keypress or mouse button press. It will also
20  % exit by itself after 1000 redraws.
21  %
22  % The top of the demo code contains tons of parameters to tweak and
23  % manipulate if you want.
24  %
25  %
26  % Note: Some versions of MacOS/X have defective dot drawing due to an
27  % operating system bug. If you happen to have such a system (e.g., OS/X
28  % 10.6.3 with NVidia Geforce-7xxx hardware) then read "help ScreenDrawDots"
29  % for a workaround.
30  %
31
32  % Original author: Keith Schneider, 12/13/04
33
34  %HISTORY
35  %
36  % mm/dd/yy
37  %
38  % 12/13/04  kas      Wrote it.
39  % 1/11/05   awi      Merged into Psychtoolbox.org distribution.
40  %                    ~Changed name from "dot_demo" to "DotDemo" to match
41  %                     Psychtooblox conventions.
                                                          UTF-8
```

■「立体的なアニメーション」のデモプログラム

「DotDemo」の他にも、たくさんのデモがあります。

たとえば、「DotDemo」の代わりに「SpinningCubeDemo」を実行してみます。
（図3-21）

図3-21 「SpinningCubeDemo」の実行

「SpinningCubeDemo」を実行すると、**図3-22**のような、顔の付いたキューブが回転するデモを確認することができます。

Psychtoolboxでは、平面的なアニメーションのみならず、立体的なアニメーションを実現することもできます。

図3-22 「SpinningCubeDemo」（Murray.R, 作成）

■その他のデモプログラム

Psychtoolboxのデモプログラムには静止画からアニメーション、さまざまな実験刺激を作るためのプログラムが用意されています。

たとえば、アニメーションを使ったプログラムを作りたい場合、プログラム上のどこの部分がアニメーションに必要か解読する作業をすることで、アニメーションをどうやって作るか見えてきます。

「Edit DotDemo」のところでも確認したように、デモプログラムの中身を見て、各行のコマンドを理解していくことがとても重要です。

先に示した立体的なアニメーションをプログラムで書くことができたら、たいていの心理学実験を作ることができるようになります。

Psychtoolboxを用いて心理学実験を作る際に、デモプログラムを走らせ、そのプログラムの中身を見ることは非常に勉強になり、実験の幅も広がります。

是非、自分が作りたい実験刺激に近いデモプログラムを探して、解読してみてください。

第4章

MATLABによる心理学実験 [基礎編]

第4章では、MATLABを用いてプログラムを作る方法を学びます。
5つの心理学実験プログラムの作成作業を通して、
「プログラムを書き」
「そのプログラムを実行し」
「コンピュータ画面上に実験刺激を出す」
──という、MATLABのプログラム作成の手順を学んでいきます。

※すでに MATLAB を使って簡単な画像呈示などをしたことがある読者は、
「第5章 MATLABによる心理学実験 -応用編-」へ進んでください。

心理学実験の基礎編として、以下では、簡単な実験を作るために、全体の作業をスモールステップに分けてプログラムを作りながら学んでいきます。

「スモールステップ」とは、一気に心理学実験を作る作業をするのではなく、実験を作るステップを細かく分けて、それぞれのステップごとの目標を達成しながら、「最終的に簡単な実験が作れていた」という感覚を覚えるやり方です。

*

心理学実験でよく使われる基本的な手続きのひとつである「コンピュータ画面に文字、画像などを出す」ことを学習の目標にして、プログラムを学んでいきましょう。

*

そこで、「コンピュータ画面に文字を出す」ための次の5つの例題を解説していきます。

[例題1] 実験を作る　コンピュータ画面に文字を出す
[例題2] キーボードによる反応取得
[例題3] キーボードによる反応時間の取得
[例題4] 反応データをファイル形式で記録する
[例題5] 画像呈示に対する反応取得及び反応データ保存

4-1 実験を作る　コンピュータ画面に文字を出す（例題1）

実験を作るための基本的な作業として、「コンピュータ画面に文字を出す」必要があります。

この実験を作るために、以下の3つの目標を設定します。

＜コンピュータ画面に文字を出すプログラム＞

[目標1]新規スクリプトを開く
[目標2]スクリプトに書き込む
[目標3]コンピュータ画面に文字を出す

本節では、これらの3つの目標を達成することを目的にします。
「目標1」から「目標3」まで達成できれば、MATLABのプログラミングの流れを理解できると思います。

■[目標1]新規スクリプトを開く

それでは、まず**目標1**である、プログラムに不可欠な「スクリプトを開く作業」をしていきましょう。
MATLABを起動して、「新規スクリプト」をクリックしてください。
メモ帳のような空白の「スクリプト」（エディター）が出てきます。(図4-1)

図4-1　新規スクリプトを開く

　もし、上記手順でエディターが開けない場合は、**第2章**の2-3「MATLABの**基本操作**」の「ホーム画面：エディター」を確認してください。

　この作業で、「[目標1]新規スクリプトを開く」は、達成です。

■[目標2]スクリプトに書き込む

　次に、**目標2**の「スクリプトに書き込む」作業を行ないましょう。

　以下の内容をエディターに書き込んでください。

リスト4-1　コンピュータ画面に文字を出すプログラム

```
1 -    Screen('Preference', 'SkipSyncTests', 1);
2 -    [w,rect]=Screen('OpenWindow',0,[],[0 0 800 500]);
3 -    Screen('DrawText',w,'Hello',0,10);
4 -    Screen('Flip',w);
5 -    WaitSecs(3.0);
6 -    Screen('CloseAll');
```

　すべてのスクリプトが書けたら、「[目標2]スクリプトに書き込む」は、達成です。

■[目標3]コンピュータ画面に文字を出す

　目標2まで達成できたら、あと一息です。

　スクリプトの「実行」ボタン（又はキーボードのF5キー）を押してください。**(図4-2)**

図4-2　実行ボタン

すると、図4-3の保存画面が開きます。(初回実行時のみ)

作ったスクリプトにファイル名(例:test_script)を付けて、デスクトップなど、ファイルを見つけやすい場所に保存してください。

図4-3　ファイル名を付けて保存

スクリプトの保存が終わると、図4-4のようなChange Folder(フォルダ変更)の画面が出ます。

これは、今作ったスクリプトファイルが現在のMATLABディレクトリと違う場所にあるため、フォルダを変更してもよいかどうかの確認です。
「Change Folder」を押せば、実行されます。

図4-4　「Change Folder」でスクリプトを実行する

＊

どうですか?
コンピュータ画面の左上に「Hello」の文字が出てきましたか。

コンピュータ画面に「Hello」の文字が出てくれば、「[目標3]コンピュータ画面に文字を出す」の達成です。

これで、心理学実験の一部が完成しました。

実行ボタンを押して、文字が出てきたとき、ちょっと嬉しくなりませんでしたか？

この達成感を忘れずに、以降も進めていってください。

■画面が途中で止まってしまった場合の対応

コンピュータのグラフィック性能が充分ではなかったり、上記コマンドの入力に誤りがあったりすると、画面が途中で止まることがあります。

画面が途中で止まってしまった場合は、MATLABのコマンドウインドウを選択し、「Control+c」（MacとWindowsで共通）を押し続けます。

コマンドウインドウに入力ができるようになったら、コマンドウインドウに「sca」と入力し、Enterキーを押してください。

すると、停止していた画面が消えます。

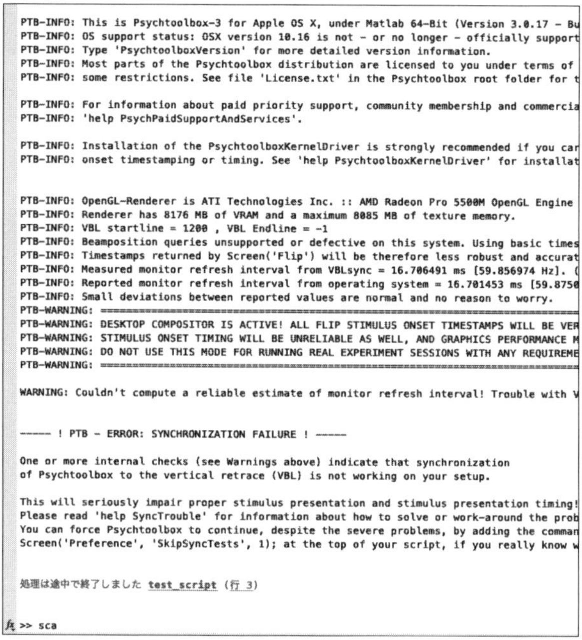

図4-5　画面が途中で止まってしまった場合

■コマンドの説明

下記に、各行の説明をします。

ここまでの作業が簡単だと感じた人は説明を読んでみてください。

説明を読み飛ばしても支障はないので、難しいと思った人は次の例題へ移っても結構です。

まずは、自分が書いたプログラムで画面に何か映ったという快感を味わって、楽しくなっていくことが大切です。

● Screen('Preference', 'SkipSyncTests', 1);

コンピュータでプログラムを動かすための"おまじない"のようなコマンドです。

このコマンドを実行することで、コンピュータのグラフィック性能が高くなくても、プログラムを実行することができます。

このコマンドは、プログラムを実行している文字などを呈示することができますが、呈示時間の精度などは不正確であるという点を考慮してください。

● [w,rect]=Screen('OpenWindow',0,[],[0 0 800 500]);

コンピュータ画面（コマンドを実行した後、画面左上に出てきた画面）の情報を出力してくれます。

たとえば、

```
rect
```

と、MATLABのコマンドウインドウに打ち込んで、Enterを押してください。

すると「0 0 800 500」といった数字が4つでてきます。
これは、「実験画面で使用したコンピュータモニタの情報」です。

先頭2つの数値はモニタ画面の左上の「xy座標」です。
また、後ろ2つの数値は、画面右下の「xy座標」です。（図4-6）

言い換えると、3つ目と1つ目の数値の差分がモニタ水平面、4つ目と2つ目の数値の差分がモニタ垂直面のピクセル数です。

上述した例の場合、モニタ水平面が800ピクセル、垂直面が500ピクセルということになります。

なお、このコマンドの[0 0 800 500]部分を空欄([ ])にすると、コンピュータ画面いっぱいに実験画面を呈示することができます。

この場合の注意点として、コマンド実行後、コマンドウインドウが見えなくなるため、慣れるまでは「sca」などの強制終了がしにくくなります。

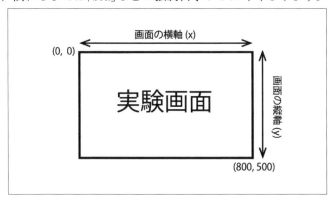

図4-6　rectで呈示される情報

● Screen('DrawText',w,'Hello',0,10);

この例題では、「Hello」を描写する作業を行なっています。

> Screen('DrawText…)

を使うことで、文字を描写することができます。

従って、「Hello」の文字を「World」などに変更すれば、その文字が画面に呈示されます。

「Hello」の文字列の後にある、2つの数字(0,10)は、文字を出すモニタ状の「x座標(0)」と「y座標(10)」です。

この数値を変更することで、文字の呈示位置を変更できます。

> ●Screen('Flip',w);

このコマンドで行っている作業を「フリップ」と呼びます。

フリップとは、「反転させる」という意味です。

何を反転させるのかというと、このフリップ作業の一行前にある、

　　　Screen('DrawText…)

で、描いたことを反転させます。

ここで、「『Screen('DrawText…)』で文字を描いたので、その時点で文字がモニタに映っているのではないのか」と不思議に思われた方がいるかもしれません。

ここで行なっている作業は、例えると「紙芝居」です。

図4-7に示されているように、フリップ作業では、紙芝居の裏に隠してある絵を前に出す、という作業が行なわれています。

そのため、「Screen('DrawText…)」で描かれた絵をフリップ作業で前に出す——つまり、私達が見ているモニタで見える状態になる、ということになります。

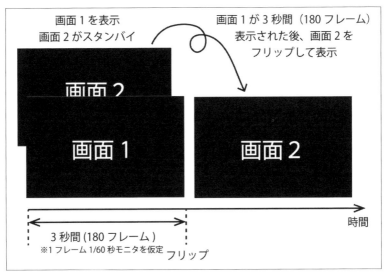

図4-7　「Screen('Flip',w)」の仕組み

> ● WaitSecs(3.0);

これは、文字通り「何秒か待ちましょう」という意味です。

「WaitSecs」の括弧内の数字を、秒単位で入力します。
この例の場合は、「3秒間絵を出す」という意味です。

数字を変えると、もっと呈示時間を短くしたり、長くしたりできます。
ただし、この「WaitSecs」コマンドは、時間精度が高いとは言えません。
　MATLABに慣れてきたり、実際に実験を行なったりする際は、後述するコマンドに置き換えるようにしてください。

Column 日本語を呈示する

　本節の例題1の設定では、日本語表記ができません。日本語を入れると文字化けしてしまいます。
　日本語を入れたい場合は、**例題1**の

```
Screen('DrawText',w,'Hello',0,10);
```

にある、Hello部分を「double('教示')」といったように変更してみてください。

```
Screen('DrawText',w,' double('教示')',0,10);
```

すると、**図4-8**のように日本語を呈示することができます。

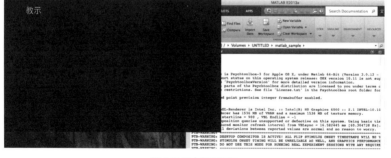

図4-8 日本語の呈示

●Screen('CloseAll');

　ここでは、呈示した絵を閉じる作業を行なっています。

　つまり、「白い画面の左上にあった『Hello』という文字画像を閉じる」という意味です。

　閉じる作業が済むと、通常のコンピュータ画面（デスクトップやMATLABのコマンドウインドウの画面など）に戻ります。

4-2　キーボードによる反応取得（例題2）

　次は、「キーボードで反応を取得するプログラム」を学習しましょう。

　心理学実験では、キーボードのどのボタンを押したか、いつ（何秒後）そのボタンを押したかという情報を得ることがあります。

　この実験を作るために、以下の3つの目標を設定します。

＜キーボードで反応を取得するプログラム＞

［目標1］スクリプトに変更を加える ［目標2］キーボードボタンを押して、通常画面へ戻ってくる ［目標3］「どのボタンを押したのか」の情報を得る

　この3つの目標を達成することで、キーボードで反応を取得することが可能になります。

　本節では、**例題1**のプログラムの上に、新たなプログラムを上書きする形で、「キーボードのどのボタンを押したかという情報を得る」プログラムを作りましょう。

■[目標1]スクリプトに変更を加える

まずは、**例題1**の「WaitSecs(3.0)」を削除して、削除したところに

```
FlushEvents;
GetChar
```

を、順番に入れてください。

以下のようになります。

リスト4-2　キーボードで反応を取得するプログラム

```
1 -    Screen('Preference', 'SkipSyncTests', 1);
2 -    [w,rect]=Screen('OpenWindow',0,[],[0 0 800 500]);
3 -    Screen('DrawText',w,'Hello',0,10);
4 -    Screen('Flip',w);
5 -    FlushEvents;
6 -    GetChar
7 -    Screen('CloseAll');
```

すべて書けたら、「[目標1]スクリプトに変更を加える」は達成です。

■[目標2]キーボードボタンを押して、通常画面へ戻ってくる

次に、エディターの実行ボタンを押してください。

すると、前と同じく「Hello」が画面左上に出てきます。

先ほどと違う点は、Helloがずっと出ていることです。
どうすれば元の画面に戻ってこれるのでしょうか。

キーボードの「h」を押してください。
「通常のコンピュータ画面」(デスクトップやMATLABのコマンドウインド
ウの画面など)に戻れましたか?

戻れていたら「目標2」の達成です。

■[目標3]「どのボタンを押したのか」の情報を得る

MATLABコマンドウインドウに「ans = 'h'」という表示が出ていませんか？
これは、あなたがキーボードの「h」を押したことを意味します。

たとえば、「j」を押していたら「ans='j'」と出てきます。
これが確認できれば、「目標3」の達成です。

＊

この「目標3」を達成した時点で、あなたは実験参加者がどのボタンを押した
かの情報を得る心理学実験を行なうことができます。

■コマンドの説明

下記に、本節のプログラム（例題2）で編集を加えた行についての説明をします。
それ以外は、すでに例題1のところで説明を終えています。
説明の都合上、先に「GetChar」の説明をします。

●GetChar

これは、「キーボードで押した情報」を記録してくれます。
また、キーボードのキーが押されると、スクリプトの次の行へと進んでいき
ます。

目標3で見た「ans='h'」が「GetChar」の行で記録された情報になります。

●FlushEvents

これは、少々イメージしにくい作業内容です。

コンピュータのシステム上、「実際のキーボード」ではなく、我々の目では確
認できない「架空のキーボード」が存在します。

我々が手元のキーボードを押していなくても、コンピュータのシステムにお
いて架空のキーボードが押されていることがあります。

実験者や実験参加者がキーボードのボタンを押していなくても「GetChar」が

ボタンを押されたと勘違いをして、間違った情報が記録されることがあります。

こういった事態を避けるため、「FlushEvents」を使って、システム上で押されているボタンの情報をリセットしてくれます。

4-3 キーボードによる反応時間の取得（例題3）

次は、キーボードを押したタイミング、つまり「反応までにかかった時間」（反応時間）を記録するプログラムを作ります。

この実験プログラムを作るために、以下の3つの目標を設定します。

＜反応時間を記録するプログラム＞

```
［目標1］スクリプトに変更を加える
［目標2］キーボードボタンを押して、通常画面へ戻ってくる
［目標3］ボタンを押したタイミングの情報を得る
```

この3つの目標を達成して、「反応時間を記録するプログラム」を作ってみましょう。
本節では、例題2のプログラムの上に、新たなプログラムを上書きする形で、プログラムを作ります。

■［目標1］スクリプトに変更を加える

まずは**例題2**の「GetChar」を削除してください。
削除したところに

```
t1=GetSecs;
[ch, when] = GetChar
when.secs - t1
```

を、順番に入れます。

今回は例題2より変更箇所が少し多くなります。
以下のようになります。

リスト4-3 反応時間を記録するプログラム

```
1 -    Screen('Preference', 'SkipSyncTests', 1);
2 -    [w,rect]=Screen('OpenWindow',0,[],[0 0 800 500]);
3 -    Screen('DrawText',w,'Hello',0,10);
4 -    Screen('Flip',w);
5 -    FlushEvents;
6 -    t1 = GetSecs;
7 -    [ch, when] = GetChar;
8 -    when.secs - t1
9 -    Screen('CloseAll');
```

すべて書けたら「[目標1]スクリプトに変更を加える」の達成です。

■[目標2]キーボードボタンを押して、通常画面へ戻ってくる

それでは、次にスクリプトの実行ボタンを押してください。

すると、先ほどと同じ「Hello」が画面左上に出てきます。
例題2と同じ要領で、キーボードの「h」を押してください。
「通常のコンピュータ画面」(デスクトップやMATLABのコマンドウインドウの画面など)に戻れていたら、「目標2」は達成です。

■[目標3]ボタンを押したタイミングの情報を得る

MATLABコマンドウインドウに「ans = 3.243」などといった数値が出ていませんか。

これは、「Hello」という文字が出てからキーボードの「h」を押すまでにかかった時間を秒単位で表わしています。
押すまでに10秒ほどかかっていたら「ans=10.○○」となっているはずです。

もし余裕があれば、ストップウォッチと一緒に時間を測ってみて確認してみてください。
これが確認できれば、「目標3」の達成です。

*

この「目標3」を達成した時点で、あなたは実験参加者がボタンを押すまでにかかった時間を秒単位で得る心理学実験を行なうことができます。

ここまでどうでしょうか。

心理学実験っぽいものが少しずつ出来てきたように感じませんか？

■コマンドの説明

編集を加えた行のプログラムについて説明をします。

ここまでの作業が簡単だと感じた方は読んでみてください。

簡単と感じなかった場合は、この説明を無視して、次の例題へ移ってください。

先にも述べましたが、まずは書いたプログラムで画面に何か映ったという快感を味わって、楽しくなっていくことが大切です。

●t1=GetSecs

これは、任意で名前をつけた変数(ここではt1)に「GetSecs」の情報が入ります。

「GetSecs」とは、コンピュータを起動してからの時間を秒単位で記録してくれます。

指数表示(E+3など)が出てきて驚かれるかもしれませんが、これはコンピュータを起動してからの秒数を表すと巨大な桁数になるので、あえて指数表示しているだけです。

難しく考える必要はありません。

● [ch,when]=GetChar;

先ほどの「GetSecs」は、任意で名前をつけた変数が1つの場合の例です。

今回は、「GetChar」の情報を「ch」と「when」の変数に出力します。

「ch」と「when」は任意でつけた変数名です。

変数名を変更しても問題ありませんが、任意の変数名をつけるときは、半角英字を使うようにしてください。

MATLABコマンドウインドウで

```
ch
```

と打ち込んで、Enterを押してください。

すると、「ch='h'」となっているはずです。

これは、「Hello」の文字が出たときに、キーボードの「h」を押したという意味です。

ここだけを見ると、**例題2**の「GetChar」と同じ情報のみしか得られていません。

今回の違う点は、「when」の変数にあります。

＊

それでは、MATLABコマンドウインドウで、

```
when
```

と、打ち込んで、Enterを押します。

すると、「when=」の下に「フィールドをもつstruct …」とたくさん情報が出てきます。

ここでは、出てくるすべてのことを理解する必要はありません。
注目すべきは、「secs」の部分です。

先ほどの「GetSecs」で出てきた指数関数の数字が出てきます。
これは、コンピュータを起動してから、[ch,when]=GetChar;の行までにかかった時間です。この情報が後に使われますので、覚えておいてください。

●when.secs-t1

ここでは、実際の反応時間を計算しています。

まず、「t1」は先ほど説明した通り、コンピュータを起動してから「t1」の行までの時間を秒単位で「t1の変数」に記録しています。

次に「when.secs」というのは、1つ前の説明で出てきた「when」の中に入っていた「secs」の情報を抜き出す、という意味です。

スクリプト全体を見ていくと、「t1」の時点とは「Hello」という文字が画面左上に呈示されたタイミングです。

そして、「GetChar」はコンピュータ起動後、ボタンを押すまでにかかった時間です。

つまり、「コンピュータを起動してからボタンを押したとき(when.secs)の時間」と「Helloが呈示されたとき(t1)の時間」を引くことによって、「『Hello』が呈示されてからボタン押しまでにかかった時間」を秒単位で出力することができます。

4-4 反応データをファイル形式で記録する(例題4)

実験で取得したデータは、「エクセル」などの使い慣れたソフトを使って解析します。

MATLABで実験する場合は、実験で得られたデータを「エクセル」などで開くために、ファイル形式で反応データを記録する必要があります。

ここでは、「例題3」でプログラムされた実験で得られた反応データを、MATLABのプログラムによって、ファイル形式で記録する方法を紹介します。

この実験プログラムを作るために、以下の3つの目標を設定します。

<反応データをファイル形式で記録するプログラム>

[目標1]スクリプトに変更を加える
[目標2]ボタンを押したタイミングの情報を得る
[目標3]保存されたファイルを開く

この3つの目標を達成して、「反応データをファイル形式で記録するプログラム」を作ってみましょう。

本節では、**例題3**のプログラムの上に、新たなプログラムを上書きする形でプログラムを作ります。

■[目標1]スクリプトに変更を加える

例題3の「whem.secs-t1」を削除して、その部分に、

```
rt=when.secs - t1;
csvwrite('test.csv',rt);
```

と、順番に入れます。

以下のようになります。

リスト4-4　反応データをファイル形式で記録するプログラム

```
1 -   Screen('Preference', 'SkipSyncTests', 1);
2 -   [w,rect]=Screen('OpenWindow',0,[],[0 0 800 500]);
3 -   Screen('DrawText',w,'Hello',0,10);
4 -   Screen('Flip',w);
5 -   FlushEvents;
6 -   t1 = GetSecs;
7 -   [ch, when] = GetChar;
8 -   rt=when.secs - t1;
9 -   csvwrite('test.csv',rt);
10 -  Screen('CloseAll');
```

すべて書けたら、「[目標1]スクリプトに変更を加える」は達成です。

■[[目標2]ボタンを押したタイミングの情報を得る

次に、エディターの実行ボタンを押してください。
すると、例題3と同じように、「Hello」の文字が画面左上に出てきます。

例題3と同じ要領で、キーボードの「h」を押してください。
通常のコンピュータ画面(デスクトップやMATLABのコマンドウインドウの画面など)に戻れましたか?

デスクトップに「test.csv」というファイルがあるはずです。
見つけることができたら「目標2」の達成です。

■[目標3]保存されたファイルを開く

それでは、「test.csv」ファイルを開けてみましょう。

「メモ帳」などでも開けますが、分析をする際は「エクセル」が便利なので、エクセルで開いてみましょう。

開くと、1番左上のセルに「反応時間」(秒)が記録されています。(図4-9)

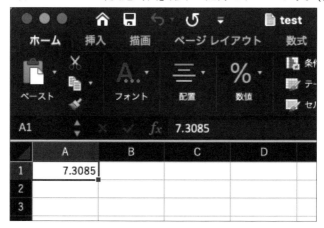

図4-9 「test.csv」ファイルの中身

ここまで確認できたら「目標3」の達成です。

■コマンドの説明

編集を加えた行について説明します。
ここまでの作業が簡単だと感じた読者は読んでみてください。

●rt= when.secs-t1;

ここでは、**例題3**において説明した反応時間を「任意の変数」(ここでは「rt」)に記録しています。

MATLABコマンドウインドウで「rt」と打ち込んで、Enterを押してください。
すると、「rt=3.254」などの反応時間が「rt」に保存されているという表示になります。

> ● csvwrite('test.csv',rt);

　ここでは、「反応時間」（rtの中身）を、「テキストファイル」（ここではcsv形式ファイル）に保存する作業を行なっています。

　'test.csv'の部分に、任意のファイル名を付けます。

　たとえば、dataというファイル名を付けたい場合は、'test.csv'の部分を'data.csv'に書き換えます。

　ただし、ファイル名は半角英数字にしてください。

　全角や日本語表記にすると文字化けをすることがあります。

4-5　画像呈示に対する反応取得および反応データ保存（例題5）

　これまでの例題のように、多くの心理学実験では、画面上に「文字列」を呈示することもあれば、「画像」を呈示することもあると思います。

　ここでは、予め準備した画像を画面に呈示する方法を学びます。

この実験プログラムを作るためには、1つの目標だけで設定できます。

＜画像呈示に対する反応取得・反応データ保存をするプログラム＞
[目標1]スクリプトに変更を加えて、実行、反応時間を取得、保存ファイルを開く

■[目標1] スクリプトに変更を加えて、実行、反応時間を取得、保存ファイルを開く

　まずは、例題4の「Screen('DrawText',w,'Hello',0,10)」を削除してください。

　削除したところに、

```
pic=imread('test','jpg');
pictex=Screen('MakeTexture',w,pic);
Screen('DrawTexture',w,pictex)
```
を入れて、プログラムを実行してください。

リスト4-5　画像呈示に対する反応取得・反応データ保存をするプログラム

```
 1 -    Screen('Preference', 'SkipSyncTests', 1);
 2 -    [w,rect]=Screen('OpenWindow',0,[],[0 0 800 500]);
 3 -    pic=imread('test','jpg');
 4 -    pictex=Screen('MakeTexture',w,pic);
 5 -    Screen('DrawTexture',w,pictex)
 6 -    Screen('Flip',w);
 7 -    FlushEvents;
 8 -    t1 = GetSecs;
 9 -    [ch, when] = GetChar;
10 -    rt=when.secs - t1;
11 -    csvwrite('test.csv',rt);
12 -    Screen('CloseAll');
```

※なお、このスクリプトは「test.jpg」というファイル名の画像が、スクリプトの保存先と同じ場所にあることが前提です。

　すべてのプログラムを書けたら、「［目標1］スクリプトに変更を加える」達成です。

■コマンドの説明

　プログラムの編集を加えた行の説明をします。
　ここまでの作業が簡単だと感じた読者は読んでみてください。

●pic=imread('test'.'jpg');

　このコマンドは、「imread」という関数を使って、写真の数値情報をMATLABに読み込ませます。

　どのようなデータが入っているかを調べる場合は、コマンドウインドウに「pic」と入力し、実行してください。
　なお、この例では、「jpg」形式の拡張子を想定していますが、「png」や「tiff」形式を使用する場合は、「jpg」の部分を「png」や「tiff」に変えてください。
　間違った拡張子をいれると、エラーがでます。

●pictex=Screen('MakeTexture',w,pic);

　このコマンドは、上記で読み込んだ写真の「数値データ」(pic)を「OpenGL」で扱えるテクスチャに変換し、後に用いる「Screen('DrawTexture')」に渡すためのインデックス（数値形式の目印）を返します。

　　※OpenGL：「UNIX」「Windows」「MacOS」など、クロスプラットフォームで使用できるグラフィックスインターフェイス

●Screen('DrawTexture',w,pictex);

　この行のコマンドでは、上記の「pictex」で定義したインデックスを用いて実際に呈示する写真を描く作業を行なっています。

　続く、「Screen('Flip')」によってコンピュータ画面上に写真が提示されるようになります。

第5章

MATLABによる心理学実験[応用編]

第4章までは、MATLABを用いて実験画面を呈示し、反応を取得できるプログラムについて解説しました。

しかし、このプログラムだけでは、要因計画に基づいた本格的な心理学実験は行なえません。

5-1 心理学実験のプログラム

実際の心理学実験では、複数の条件を設定し、条件ごとに呈示する刺激を変え、それら要因に応じた反応を取得する——などの、複雑な研究計画が見られます。

したがって、MATLABで心理学実験を組み立てるときも、これらの研究計画に沿った「プログラムによる流れ」を作る必要があります。

本章では、それらのことを踏まえて、より実践的な心理学実験プログラムを作る上でのノウハウを解説していきます。

具体的には、以下の5つのプログラムについて説明していきます。

[1] 実験条件ファイルを読み込む(条件ファイル)
[2] 複数試行の実行および条件ごとの画面呈示(「for文」と「if文」を用いて)
[3] 実験条件をランダマイズする
[4] 複数試行の反応を取得し、記録する
[5] 厳密な時間制御

5-2 実験条件ファイルを読み込む（例題１）

実験では、予め実験者が作った「実験条件ファイル」や「画像ファイル」をMATLABに読み込ませることがあります。

本節では、実験条件ファイルを読み込む手続きについて解説します。

■ファイルをMATLABに読み込む作業

たとえば、図5-1のような数字の情報が入ったファイルをMATLABに読み込む作業はどのように行なうのでしょうか。

> ※ファイル内の数字は半角である必要があります。

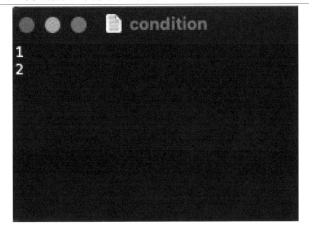

図5-1　数字の入った情報ファイル

＊

以下の内容をエディターに書き込み、実行ボタンを押してください。

リスト5-1　ファイルをMATLABに読み込むプログラム

```
1 -     cnd=importdata('condition')
```

> ※数値情報の入ったファイル(上記の例では「condition」という名前のついたファイル)が、スクリプトの保存先と同じ場所にあることが前提です。

■ファイルの読み込み作業の確認

上記のエディターの実行ボタンを押した後、MATLABのコマンドウインドウに図5-2のような結果が出ます。

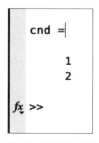

図5-2　読み込み結果

このような作業によって、「メモ帳」や「エクセル」などで作った数値ファイルをMATLABに読み込み、後述する条件によって刺激を変更できるようになります。

5-3　複数試行の実行および条件ごとの画面呈示(例題2)

心理学実験では、複数の実験条件が設定され、「各実験条件に対応した刺激」(静止画や動画)を呈示することがあります。

たとえば、「条件1では、自然風景の写真」を呈示するが、「条件2では街の風景写真を呈示する」、といった実験が計画されます。このような実験の場合、MATLABではどのようにプログラムすればいいのでしょうか。

このような実験をMATLABでプログラムするためには、以下の3つの手順が必要です。

＜実験条件と対応した刺激を呈示するプログラム＞

[1]実験条件ファイルを作成する。
[2]実験条件ファイルをMATLABに読み込ませる。
[3]実験条件に合った刺激を呈示する。

本節では、これらの手順に基づき、「実験条件に応じて、呈示する実験刺激を変える方法」を解説します。

■一連の実験の流れを繰り返す作業

「5-2実験条件ファイルを読み込む」では、条件ファイルを読み込みができました。

これは、刺激を提示するだけの作業を行なう「基本的な実験のプログラム」になります。

実際の実験では、実験条件が複数あるように、試行数も複数あります。

つまり、一連の実験の流れを繰り返す作業が必要となります。

そこで、ある程度決まった一連の流れを繰り返す方法について解説していきます。

そのため、「5-2 実験条件ファイルを読み込む」と第4章の「例題1」のスクリプトを組み合わせていきます。

以下が、両プログラムを組み合わせたものです。

第4章の「例題1」のスクリプトに追加されている部分は、3-5行目、7-9行目、12行目です。

リスト5-2　実験条件と対応した刺激を呈示するプログラム

```
1 -    Screen('Preference', 'SkipSyncTests', 1);
2 -    [w,rect]=Screen('OpenWindow',0,[],[0 0 800 500]);
3 -    cnd=importdata('condition');
4 - ┌ for trial=1:2
5 -        if cnd(trial)==1
6 -            Screen('DrawText',w,'Hello',0,10);
7 -        else
8 -            Screen('DrawText',w,'Konnichiwa',0,10);
9 -        end
10 -       Screen('Flip',w);
11 -       WaitSecs(3.0);
12 - └ end
13 -    Screen('CloseAll');
```

※数値情報の入ったファイル(上記の例では「condition」という名前のついたファイル)が、スクリプトの保存先と同じ場所にあることが前提です。

このプログラムで新しくでてきたコマンドが、「for文」や「if文」です。

●「for文」

「for文」は、「forの行」（上記の例では4行目）から「WaitSecs(3.0)」の後にある「end」(12行目）までの流れを繰り返すという意味があります。

　「for trial=1:2」は、「**forからendまでの流れを2回繰り返す**」という意味になります。

　また、1回目では、「trial」という任意名の変数に「1」が、2回目は「2」が入る仕組みになっています。

●「if文」

　「if文」は、「Screen('DrawText',w,'Konnichiwa',0,10);」の後の「end」の間に書かれている条件ごとの画面呈示の仕方を書いています。

　「if cnd(trial)==1」とは、「**cnd(trial)が1の場合**」、という意味があります。

　たとえば、上述したようにfor文の1回目のとき、「trial」には「1」が入っています。
　つまり、「cnd(1)のとき」という意味です。

　続いて、「cnd(trial) ==1」とあります。
　これは、「cnd(trial)が1であるとき」を意味します。

　上述の例では、cnd(1)のときは「1」が入るため、次の行の「Screen('DrawText',w,'Hello',0,10);」に進みます。

　その次の行に書かれている「else」は、「cnd(trial)が1ではない場合」、つまり上述の例で言うと、「cnd(2)」のケースです。

　ちなみに、「cnd(2)」では、「2」となります。

このような場合は、「Screen('DrawText',w,'Konnichiwa',0,10);」が実行されます。

5-3のスクリプトで書いた「for文」と「if文」を図示すると、**図5-3**となります。

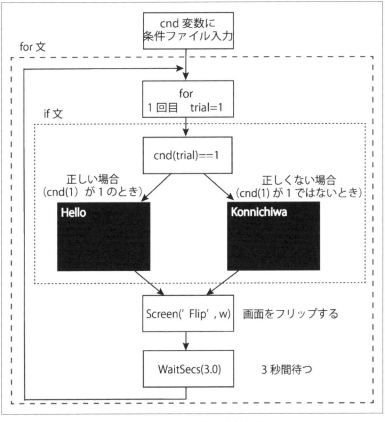

図5-3　リスト5-2の「for文」と「if文」

Column for文を使って動画を作る方法

心理学実験では、「静止画」の他に「動画」を実験刺激として呈示することがあります。

MATLABで動画を呈示するには、静止画で用いた「Screen関数」に加えて「for文」を使います。

「動画呈示」は、静止画に比べて難易度が高くなるように思われがちです。

しかし、実際のところ、3Dなどの高度な動画ではない限り、それほど難易度は高くありません。

上述した静止画呈示のスクリプトを少し書き換えることで、動画を呈示することができます。

*

動画を作るスクリプトは以下の通りです。

上述した「例題2」のスクリプトから変更した箇所は、8〜11行目です。

リスト5-3　動画を作成するプログラム

```
1 -    Screen('Preference', 'SkipSyncTests', 1);
2 -    [w,rect]=Screen('OpenWindow',0,[],[0 0 800 500]);
3 -    cnd=importdata('condition');
4 -    for trial=1:2
5 -        if cnd(trial)==1
6 -            Screen('DrawText',w,'Hello',0,10);
7 -        else
8 -            for m= 1:300
9 -            Screen('DrawText',w,'Konnichiwa',0+m,10+m);
10 -            Screen('Flip',w);
11 -            end
12 -        end
13 -        Screen('Flip',w);
14 -        WaitSecs(3.0);
15 -    end
16 -    Screen('CloseAll');
```

※数値情報の入ったファイル(上記の例では「condition」という名前のついたファイル)がスクリプトの保存先と同じ場所にあることが前提です。

このスクリプトを実行すると、「Hello」という文字列が「例題2」のプログラムと同様、画面左上に呈示されます。

　一方、「Konnichiwa」という文字列は、画面左上から右下へ向かって移動していくアニメーションが見られます。

　「例題2」のプログラムで「変更した箇所はたった4行」です。変更箇所の中でのポイントは、「for文」と「Screen('DrawText',w,'Konnichiwa',0+m,10+m);」の「0+m」や「10+m」の部分になります。

●文字列の呈示位置の更新
　すでに気付いた方もいるかと思いますが、ここでは「for文」により「Konnichiwa」という文字列を300回描いて、フリップする作業を行なっています。
　そして、その度に「m」の数値が更新されています。

　たとえば、for文1回目のときは、
```
Screen('DrawText',w,'Konnichiwa',0+1,10+1);
```
2回目のときは、
```
Screen('DrawText',w,'Konnichiwa',0+2,10+2);
```
…といった流れで「Konnichiwa」の文字列の呈示位置が変わっていきます。

●アニメーションのスピードの変更
　このように、呈示する刺激の呈示位置について、「for文」を使って変更することで動画を作成できます。

　さらに、「for m=1:300」のところを、「for m=1:10:300」などと書き換えると、アニメーションのスピードが変わります。

　興味があれば、提示スピードの変更を試してみてください。

5-4 実験条件をランダマイズする(例題3)

心理学実験では、前節の「5-3 複数試行の実行および条件ごとの画面呈示」で解説したように、すべての実験参加者に対して決まった順序で実験刺激が呈示されるとは限りません。

多くの心理学実験では、実験条件の順序が実験参加者ごとに「ランダム」になるように設定されています。

そこで、「実験条件をランダマイズするプログラム」が必要になります。

■実験条件の順序をランダマイズする作業

実験条件をランダマイズに設定する実験を行なう場合には、「Shuffle」という関数を使います。

使い方は非常に簡単で、ランダマイズに設定したスクリプトは以下の通りです。

「5-3 複数試行の実行および条件ごとの画面呈示」からの変更箇所は、2行目、5行目、7行目です。

リスト5-4 実験条件をランダマイズに設定するプログラム

```
1 -    Screen('Preference', 'SkipSyncTests', 1);
2 -    rand('state',sum(100*clock));
3 -    [w,rect]=Screen('OpenWindow',0,[],[0 0 800 500]);
4 -    cnd=importdata('condition');
5 -    cnd_ran=Shuffle(cnd);
6 -    for trial=1:2
7 -        if cnd_ran(trial)==1
8 -            Screen('DrawText',w,'Hello',0,10);
9 -        else
10 -            Screen('DrawText',w,'Konnichiwa',0,10);
11 -        end
12 -        Screen('Flip',w);
13 -        WaitSecs(3.0);
14 -    end
15 -    Screen('CloseAll');
```

> ※数値情報の入ったファイル(上記の例では「condition」という名前のついたファイル)が、スクリプトの保存先と同じ場所にあることが前提です。

■コマンドの説明

ランダマイズに設定したプログラムで用いられたコマンドを解説します。

●cnd_ran

変数「cnd_ran」に「cnd」の順序をバラバラにしたデータが入ります。
しかし、「Shuffle」だけでは完全にランダマイズされていません。

「Shuffle関数」は、実験順序をランダムにしてくれますが、一度MATLAB
を再起動して、再度Shuffleした場合、同じ結果が返ってきます。

この問題については、Shuffle前に書かれている
```
rand('state',sum(100*clock));
```
というコマンドを入れることで解決できます。

何回かMATLABを再起動した後にコマンドを実行し、実験条件の順序が変わっていたら成功です。

Column おまじないのような便利なコマンド

上述した「rand('state',sum(100*clock));」は、実験順序をランダムに実行するためのおまじないのようなコマンドです。

この他にも、実験スクリプトを書く際、とても便利なおまじないコマンドがありますので、紹介します。

是非、以下のコマンドをリスト5-5のようにスクリプトの冒頭に書いてみてください。

リスト5-5　実験順序をランダムに実行するプログラム

```
1 -    clear all;
2 -    close all;
3 -    clc;
4 -    AssertOpenGL;
5 -    KbName('UnifyKeyNames');
6 -    ListenChar(2);
```

●clear all;
スクリプトを実行する前に、MATLAB上に残っていた変数をすべて消去します。

●close all;
MATLAB上でグラフなどを書いたときの「ウィンドウ」(figure)を、すべて消去します。

●clc;
「Command Window」に残ったコマンド実行履歴をすべて消去します。

●AssertOpenGL;
「OpenGL」が使えるかをチェックします。

●KbName('UnifyKeyNames')
OS間で異なるキー配置を共通にします。

●ListenChar(2);
「Command Window」や、エディターへのキー入力を防ぎます。

もしも、このコマンドを入れず実験中にキー入力をすると、スクリプトに文字が上書きされてしまいます。

5-4 複数試行の反応を取得し、記録する（例題4）

複数試行の反応取得をし、反応を記録する方法を紹介します。

「5-4 実験条件をランダマイズする」に追加された箇所は、13〜17、19行目です。
「WaitSecs(3.0)」は削除されています。

リスト5-6　複数試行の反応を取得し、反応を記録するプログラム

```
1 -    Screen('Preference', 'SkipSyncTests', 1);
2 -    rand('state',sum(100*clock));
3 -    [w,rect]=Screen('OpenWindow',0,[],[0 0 800 500]);
4 -    cnd=importdata('condition');
5 -    cnd_ran=Shuffle(cnd);
6 -    for trial=1:2
7 -        if cnd_ran(trial)==1
8 -            Screen('DrawText',w,'Hello',0,10);
9 -        else
10 -           Screen('DrawText',w,'Konnichiwa',0,10);
11 -        end
12 -        Screen('Flip',w);
13 -        rt(trial,1)=cnd_ran(trial);
14 -        FlushEvents;
15 -        t1=GetSecs;
16 -        [ch,when]=GetChar;
17 -        rt(trial,2)=when.secs-t1;
18 -    end
19 -    csvwrite('test.csv',rt);
20 -    Screen('CloseAll');
```

■コマンドの説明

第4章の「例題4」と異なる点は、「for文」が加えられたことと、「rt(trial,1)=cnd_rand(trial)」や、「rt(trial,2)=when.secs-t1;」あたりになります。

これらのコマンドについて解説します。

●rt(trial,1)=cnd_rand(trial)

これは、「for文におけるtrial番目の1列目」に、「cnd_ran変数中のtrial番目の値がrt変数の1列目に記録される」という指令です。

たとえば、1回目のfor文では、「cnd_rand内の1番目の数値」が、「rt変数の1列目」に記録されます。

仮に、「cnd_rand」の中に「2, 1」の順番で値が入っていたら、「2」が「1番目の値」になります。

●rt(trial,2)=when.secs-t1;

「rt(trial,2)=when.secs-t1;」では、試行ごとに「when.secs-t1」で算出された値が、rt変数の「**trial行目**2列目」に記録されます。

たとえば、「2試行目」の場合、rt変数内の「**2行目**2列目」に反応時間の値が記録されます。

> **Column** ストループ(Stroop)課題を作る
>
> ここまでの知識を用いて、簡単な心理学実験として、「ストループ課題」を作ってみます。
> 「ストループ課題」とは、文字意味と文字色といった2つの属性が競合する「ストループ現象」を測定する心理学実験です。
>
> たとえば、青色のインクで書かれた「あお」と赤色のインクで「あお」と書かれている場合には、後者の「あお」は文字色と文字意味が競合するため、文字色を答える際に前者より時間がかかってしまう結果が得られます。
>
> 基本的には、5-5(例題4)で作ったプログラムをベースとして作ります。
> 以下にコードをのせています。
> 8行目、10行目が5-4(例題4)から変わった箇所になります。
>
> リスト5-7　ストループ課題を作るプログラム
>
> ```
> 1 -    Screen('Preference', 'SkipSyncTests', 1);
> 2 -    rand('state',sum(100*clock));
> 3 -    [w,rect]=Screen('OpenWindow',0,[],[0 0 800 500]);
> 4 -    cnd=importdata('condition');
> 5 -    cnd_ran=Shuffle(cnd);
> 6 -  □ for trial=1:2
> 7 -        if cnd_ran(trial)==1
> 8 -            Screen('DrawText',w,'BLUE',rect(3)/2-50,rect(4)/2,[0 0 255]);
> 9 -        else
> 10 -           Screen('DrawText',w,'GREEN',rect(3)/2-50,rect(4)/2,[255 0 0]);
> 11 -        end
> 12 -        Screen('Flip',w);
> 13 -        rt(trial,1)=cnd_ran(trial);
> 14 -        FlushEvents;
> 15 -        t1=GetSecs;
> 16 -        [ch,when]=GetChar;
> 17 -        rt(trial,2)=when.secs-t1;
> 18 -    end
> 19 -    csvwrite('test.csv',rt);
> 20 -    Screen('CloseAll');
> ```

■コマンドの説明

プログラムの変更箇所は2行のみです。

```
Screen('DrawText',w,'BLUE',rect(3)/2-50,rect(4)/2,[0 0 255]);
```

では、「青いインクでBLUEと呈示するための指令」を出しています。

これまでの「Hello」の部分が「BLUE」に置き換わっています。

また、これまで固定値として「0」や「10」を入れていた「x」および「y」座標については、画面の中央に文字列が呈示されるよう、「rect」という変数を使っています。

これは、「現在の実験画面の水平軸のピクセル数」を「rect(3)」から、「水平軸のピクセル数」を「rect(4)」より算出し、画面中央に呈示するために両者を「2」で割っています。

最後に、[0 0 255]や[255 0 0]といった数値が並んでいます。

これは、文字列のインクの色を定義しています。

[赤 　緑 　青]の順番で、数値を「最小0～最大255」として定義します。

たとえば、赤を出したい場合は、[255 0 0]とします。

同様に、緑は[0 255 0]、青は[0 0 255]となります。

5-6 厳密な時間制御（例題5）

続いて、「Screen('DrawText')」の次の行に書かれた「Screen('Flip')」の説明に移りますが、その前に「Screen('Flip')」を理解する上で必要な基礎知識について説明します。

これは、画面表示に関するコマンドです。
本節では、パソコン画面に刺激を決められた時間を、MATLABのプログラム上で正確に厳密に提示する作業について解説します。

■画面表示の切り替え頻度

普段、私たちの使っているパソコン画面は、ただ見つめるだけではわからないほどの頻度で画面表示の更新を行なっています。

それでは、どのくらいの頻度で切り替わっているのでしょうか。
以下のコマンドをエディターに入力して実行してみましょう。

リスト5-8　面表示の切替え頻度を確認するプログラム

```
1 -    Screen('Preference', 'SkipSyncTests', 1);
2 -    [w,rect]=Screen('OpenWindow',0,[],[0 0 800 500]);
3 -    fps=Screen('GetFlipInterval',w)
4 -    framerate=1/fps
5 -    Screen('CloseAll');
```

すると、「framerate=59.8454」などの結果がコマンドウインドウに出力されています。
（fps=0.0167などの結果が出る場合もありますが、これについては後述します）

この数値は、「フレームレート」（framerate）と呼ばれ、1秒間に何回画面が切り替わっているかを表す値です。

上記の例の場合、筆者の使っているパソコンの画面は、「1秒間に59.9963回（約60回）」切り替わっていることを示しています。

　これは、1秒間に60枚の紙芝居の絵が切り替わっているのと同じ状態です。紙芝居の1ページを「1フレーム」と呼び、上の例では「約60フレーム」となります。

　心理学実験では、「実験刺激画面を○○秒間呈示する」と表現しますが、MATLABおよび「Psychtoolbox」では、「フレームをベースとした時間」を用います。

　「フレームをベースとした時間」とは何のことでしょうか。
　1秒間に60回切り替わる画面を使った場合、「1フレームに何秒間呈示されるか」を考えると、単純計算で、「1/60秒」＝「約0.0167秒」になります。

　仮に、「教示画面を1秒間呈示する」と設定した場合、「60フレーム提示する」と言い換えられます。
　「0.5秒間」なら「30フレーム」です。
　これが、「**フレームをベースとした時間**」になります。

■1フレームあたりの切替り頻度

　MATLABでは、パソコンの画面情報収集のコマンド後に、上述した
```
fps=Screen('GetFlipInterval',w);
```
を実行すると、1フレームあたりの時間が秒単位で返ってきます。

　それが、今のコマンドウインドウの出力画面に出ている「fps=0.0167」です。
これは、「**1フレームが0.0167秒間呈示される**」という意味です。

　言い換えると、「1フレームあたりの呈示時間（0.0167秒）が60回あると、0.9990秒（約1秒）になる」となります。

　気付いた方もいるかもしれませんが、上記のパソコンでの設定の場合、60フレームは厳密には1秒ではありません。

　つまり、もしMATLABに1秒後にフリップするように指示しても、1秒は「60フレーム」（0.9990秒）と「61フレーム」（1.0157秒）の間になり、物理的にフリップすることができません。

したがって、「1秒間呈示したい場合」は、「0.9990秒」（60×0.0167秒）と指定する必要があります。

■フレーム落ち

　フレームに関して、注意すべき点があります。

　パソコン画面には「**フレーム(コマ)落ち**」という現象があります。

　「フレーム落ち」とは、何らかの原因でパソコンの処理速度が追いつかず、フリップができていない状態です。

　もしも、1回のフレーム落ちがあると、画面の切り替えが1回できず、1フレーム分長く画面が呈示されてしまいます。

　このフレーム落ちを極力少なくするための"おまじない"として、「呈示したい時間より半フレーム少なくした時間」を設定することが推奨されています。

　上述した例で言えば、「0.9936秒」((60-0.5)×0.0167秒)と設定しておくことで、コンピュータが早めにフリップのタイミングを認識し、フレーム落ちを回避することが可能になります。

■フレーム落ちを回避する作業

　それでは、**第4章**の「**例題1**」を応用して画面を1秒間呈示してみましょう。

　以下のコマンドをスクリプトに書き、スクリプトを走らせます。

　「**例題1**」からの変更箇所は、**3行目、5～7行目**です。

リスト5-9　フレーム落ちを回避するプログラム

```
1 -    Screen('Preference', 'SkipSyncTests', 1);
2 -    [w,rect]=Screen('OpenWindow',0,[],[0 0 800 500]);
3 -    fps=Screen('GetFlipInterval',w);
4 -    Screen('DrawText',w,'Hello',0,10);
5 -    vbl=Screen('Flip',w);
6 -    Screen('DrawText',w,'Bye',0,10);
7 -    vbl2=Screen('Flip',w,vbl+(60-0.5)*fps);
```

　上記のコマンドを実行すると、60フレーム（筆者のパソコン画面の1フレームは0.0167秒なので、60フレームは1.0029秒）の間、「Hello」の文字列が呈示され、その後、「Bye」の文字列が呈示され続けます。

＊

なお、このコマンドでは「Bye」の文字列が消えずに呈示され続けます。

　画面を消したいときは、マウスでMATLABのコマンドウインドウをクリックし、「sca」と入力後、Enterキーを押してください。

　この「sca」とは、**第4章**の**例題1**の最後の行にも書いていた「Screen('Close All',w)」と同様の使い方です。

＊

　重要なポイントは、「フリップタイミング」(vbl)をベースとして、そのベースから「59.5フレーム後」に「Bye」をフリップするように指示している点です。

　実験内容によっては、1フレームの違いで実験結果が大きく変わるものがあります。
　特にそのような研究対象を扱う実験の場合は、「フレーム」と「フリップ」の概念に慣れることが重要です。

　また、この概念は、後の動画を作る際にも役立ってきます。

5-7　　MATLAB Compilerの導入

　授業などの教育場面や、複数の実験参加者を対象に同時に心理学実験を行なう集団実験といった場面では、数十台を超えるコンピュータにMATLABをインストールする必要が出てきます。

　しかし、MATLABは高価なソフトであるため、高額な資金が必要となり、上述の授業や実験場面で用いることが困難となります。

　ここでは、そのような場合に活用できるMATLABの拡張パッケージ「MATLAB Compiler」の可能性について紹介します。

■MATLAB Compilerのインストールの確認

　「MATLAB Compiler」は、MATLABで書いたプログラムを「非MATLAB環境」（MATLABがインストールされていないコンピュータなど）で利用できるように、スタンドアロンアプリケーションを作ってくれる機能を備えています。

　「MATLAB Compiler」を導入するには、まずMATLABに「MATLAB Compiler」がインストールされているかどうかを調べることが必要です。

　「ver」をMATLABのコマンドウインドウで実行し、確認してください。（図5-4）

```
>> ver
-----------------------------------------------------------------------------------
MATLAB バージョン: 9.9.0.1538559 (R2020b) Update 3
MATLAB ライセンス番号:
オペレーティング システム: macOS  Version: 11.5.2 Build: 20G95
Java バージョン: Java 1.8.0_202-b08 with Oracle Corporation Java HotSpot(TM) 64-Bit Server VM mixed mode
-----------------------------------------------------------------------------------
MATLAB                                           バージョン 9.9        (R2020b)
Curve Fitting Toolbox                            バージョン 3.5.12     (R2020b)
DatapixxToolbox                                  バージョン 0.9,       Aug
Deep Learning Toolbox                            バージョン 14.1       (R2020b)
Image Processing Toolbox                         バージョン 11.2       (R2020b)
MATLAB Compiler                                  バージョン 8.1        (R2020b)
Optimization Toolbox                             バージョン 9.0        (R2020b)
Psychtoolbox                                     バージョン 3.0.17     2 November
Signal Processing Toolbox                        バージョン 8.5        (R2020b)
Statistics and Machine Learning Toolbox          バージョン 12.0       (R2020b)
Wavelet Toolbox                                  バージョン 5.5        (R2020b)
```

図 5-4　MATLAB Compilerがインストールされているかの確認画面

　上記の例では、「MATLAB Compiler」とあるので、すでにインストールされています。もしリストにない場合は、MathWorks社に問い合わせをして購入する必要があります。

■非MATLAB環境で使うためのアプリケーション化

第3章で紹介した「DotDemo」を非MATLAB環境で使えるようにアプリケーション化してみましょう。

以下のコマンドをMATLABのコマンドウインドウにタイプして、「DotDemo.m」をアプリケーション化します。(図5-5)

図5-5「DotDemo.m」アプリケーション化のためのコマンド

実行すると、現在のディレクトリに図5-6 (図5-7)のようなファイルが出来ます。

図5-6　コンパイル後、生成されるファイル(Macの場合)

図5-7　コンパイル後、生成されるファイル(Windowsの場合)

しかし、この状態で「DotDemo」のアプリケーションを実行すると、「実行できない」というエラーが表示されます。

その対処方法として、英文による記述にはなりますが、「readme.txt」に、「非MATLAB環境下でアプリケーションを実行するために必要な準備」についての記載があります。

たとえば、「MATLAB Runtime」という無償のソフトを以下のリンクからダ

ウンロード、インストールする必要があります。

https://www.mathworks.com/products/compiler/matlab-runtime.html

　手順通りに行なった後、「DotDemo」アプリケーションのアイコンをダブルクリックすることで、**第3章**で紹介したドットのデモが「非MATLAB環境」においても実行することができます。

●MATLAB Compilerについての注意点

　注意点として、「MATLAB Compiler」によって作ったアプリケーションは「**クロスプラットフォームの互換性**」に限界があります。

　つまり、「Mac環境」でコンパイルされたアプリケーションを「Windows環境」で実行することができません。

　「Windows機」で集団実験を行ないたい場合は、「Windows機のMATLAB Compiler」でアプリケーションを作る必要があります。

　また、MATLABのプログラム上で用いられているコマンドの中で、コンパイルできないものがいくつか存在します。

　以下のリンクにサポートされていないコマンドのリストが記載されています。

https://jp.mathworks.com/help/compiler/unsupported-functions.html

　その他の注意点についても、書きのリンクに情報が載せられています。

　こちらも参照してください。

https://jp.mathworks.com/help/compiler/limitations-about-what-may-be-compiled.html

　上記の点を注意しながら、「MATLAB Compiler」を使って、配布したいMATLABプログラムをアプリケーション化してみて下さい。

第6章

実験データを分析する

心理学実験で得た個人データが揃ったら、次のステップとして「実験データを分析すること」が必要です。

すなわち、「結果の傾向」「データの可視化」「統計的検定」を行なう必要があります。

本章では、心理学実験で得られたデータの「MATLABでの読み込み」「可視化」「統計的検定」までの過程を解説します。

6-1 実験データの読み込み

まず、個人データの入ったファイルをMATLABに読み込ませる必要があります。

第1節では、「データを読み込ませる方法」について解説します。

■実験データを読み込ませる方法

実験で、**図6-1**のような「数値と文字列の情報が入ったデータ」を取得します。

すなわち、「Data1」では「103、95、56、82、77」の5つのデータを、「Data2」では「51.5、47.5、28、41、38.5」の5つのデータを得たとします。

データを処理するために、これらのデータをMATLABに読み込ませる手順を解説します。

※ファイル内の数値や文字列は「半角」である必要があります。

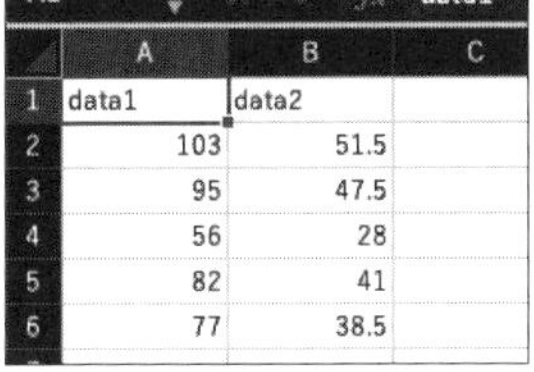

A1 fx data1

	A	B	C
1	data1	data2	
2	103	51.5	
3	95	47.5	
4	56	28	
5	82	41	
6	77	38.5	

図6-1　数値と文字列の情報が入ったデータ

●データ読み込みのスクリプトの作成と実行

データ読み込みは、5-1「**実験条件ファイルを読み込む**」と同じ方法で行ないます。

まず、データを読み込むために、**リスト6-1**のコマンドをスクリプトに書いてください。

リスト6-1　データを読み込むためのプログラム

```
1 -    d = importdata('sampledata.csv')
```

※上記データのファイル名を「sampledata.csv」とし、そのファイルがスクリプトの保存先と同じ場所にあることを仮定しています。

スクリプトを書き終えた後、スクリプトを実行します。

スクリプトを実行するには、エディターの「実行ボタン」を押すか、キーボードの「F5」を押してください。

●データ読み込み結果の出力

スクリプトを実行すると、MATLABのコマンドウインドウに**図6-2**の結果が出力されます。

```
d =

  フィールドをもつ struct:

        data: [5×2 double]
    textdata: {' data1'  'data2'}
   colheaders: {' data1'  'data2'}

fx >> |
```

図6-2　データ読み込み結果

●数値データの抜き出し

これらのデータの中から数値データを抜き出したい場合は、「d.data」をコマンドウインドウに入力し、Returnキーを押します。

すると、図6-3のように数値データが出力されます。

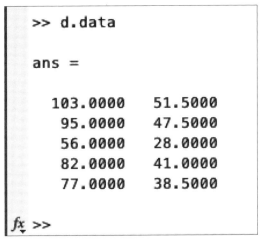

```
>> d.data

ans =

    103.0000    51.5000
     95.0000    47.5000
     56.0000    28.0000
     82.0000    41.0000
     77.0000    38.5000

fx >>
```

図6-3　数値データの出力

この時点で、外部ファイル「sampledata.csv」をMATLABに取り込むことができています。

ここまで完了すると、数行のコマンドを加えるだけで、後述する「データの可視化」や「統計的検定」ができるようになります。

6-2 個人データの可視化

本節では、第1節の「実験データの読み込み」で読み込んだ個人データを「可視化」（グラフ化）するコマンドについて解説します。

データを可視化することで、心理学実験の結果の全体的像を直観的に把握することが可能になります。

MATLABのコマンドを使うことで、個人データを図表にグラフ化し、可視化が可能になります。

■グラフを表示するためのコマンド

グラフを表示するために、**リスト6-2**のコマンドをスクリプトに書き入れて作ります。

6-1のスクリプトに、2行目の部分「(bar(d.data);)」が加えられています。

リスト6-2　グラフを表示するためのプログラム

```
1 -    d = importdata('sampledata.csv');
2 -    bar(d.data);
```

次に、スクリプトを実行します。

すると、図6-4に示すグラフが表示されます。

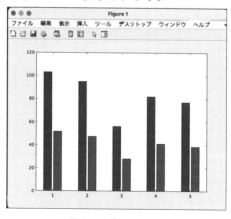

図6-4　グラフの表示

●グラフを分けて表示するためのコマンド

場合によって、グラフを分けて表示したいことがあると思います。

たとえば、すべててのデータのうち、「data1」と「data2」でグラフを分けたい場合は、「subplot」という関数を用います。

コマンド例はリスト6-3の通りです。

4-2の「bar(d.data);」が削除され、2行目から7行目が加えられています。

リスト6-3　グラフを分けて表示するためのプログラム

```
1 -    d = importdata('sampledata.csv');
2 -    subplot(1,2,1);
3 -    bar(d.data(:,1));
4 -    yl=ylim;
5 -    subplot(1,2,2);
6 -    bar(d.data(:,2));
7 -    ylim(yl);
```

スクリプトを実行すると、図6-5のように、「data1」と「data2」について、グラフが分けられて表示されます。

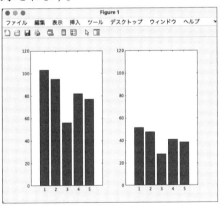

図6-5　グラフを分けて表示

●グラフを縦方向に表示するためのプログラム

2つのグラフを**図6-5**のように横方向ではなく、縦方向に並べたいことがあると思います。

グラフを縦方向に並べる場合は、「subplot(1,2,1)」および「subplot(1,2,2)」をそれぞれ「subplot(2,1,1)」「subplot(2,1,2)」とします。

コマンドを修正して実行すると、2つのグラフが縦方向に並びます。

6-3 「平均」「標準偏差」の可視化

心理学実験のデータを分析するときに、「平均」および「標準偏差」は重要な値です。

MATLABでは、「平均をグラフ化」することや、「グラフに標準偏差を表示」することが可能です。

また、データを「棒グラフ」で表示するだけでなく、「折れ線グラフ」にすることや、「色の塗り替え」なども、MATLABのコマンドを少し変更することで可能になります。

本節では、MATLABによるデータの「平均」および「標準偏差」の算出とともに、「グラフ化」の仕方について解説します。

■データの平均および標準偏差を算出しグラフ化する

データの「平均」および「標準偏差」を算出して、グラフ化するためのプログラムを説明します。

「6-1　実験データの読み込み」で入力したデータを使って、平均と標準偏差を算出し、さらにグラフ化します。

●平均と標準偏差を算出しグラフ化（棒グラフ）するコマンド

6-1「データ読み込みのスクリプト」で解説したコマンドに、2～3行目のコマンドを追加してください。

リスト6-4　平均と標準偏差を算出しグラフ化するプログラム

```
1 -    d = importdata('sampledata.csv');
2 -    heikin=mean(d.data)
3 -    bar(heikin);
```

スクリプトを書き換えた後、実行すると、**図6-6**のようにコマンドウインドウに、「data1」と「data2」の「平均値(82.6、41.3)」が出力されます。

同時に、**図6-7**の「棒グラフ」が表示されます。

なお、「**mean関数**」は「平均値」を計算して、「**bar関数**」は「棒グラフ」を出力します。

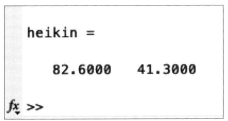

図6-6　平均値の出力

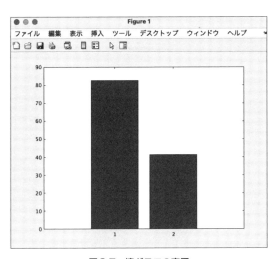

図6-7　棒グラフの表示

●平均値のグラフに「標準偏差」「標準誤差」をプロットするコマンド

　心理学実験の結果を表示する際には、平均値のグラフに「標準偏差」や「標準誤差」をプロットします。

　MATLABを使って、平均値に「標準偏差」や「標準誤差」をプロットするには、以下のように、**リスト6-5**のスクリプトに**4〜8行目**のコマンドを追加して、実行してください。

リスト6-5　平均値のグラフに「標準偏差」「標準誤差」をプロットするプログラム

```
1 -    d = importdata('sampledata.csv')
2 -    heikin=mean(d.data);
3 -    bar(heikin);
4 -    sd=std(d.data);
5 -    hold on;
6 -    er=errorbar(heikin,sd);
7 -    er.LineStyle='none';
8 -    er.Color=[0 0 0];
```

　図6-8は、スクリプトを実行した結果で、平均値に「標準偏差」をプロットしたグラフを示しています。

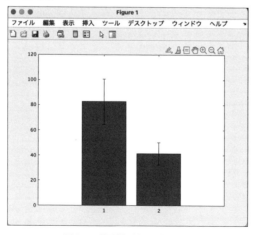

図6-8　「標準偏差」をプロット

■コマンドの説明

リスト6-5のスクリプトで使った、新しいコマンドについて解説します。

●mean

「mean関数」は、「平均値の計算結果」を出力します。

●bar

「bar関数」は「棒グラフ」を出力します。

●std

「std関数」は、「標準偏差」を算出します。

●errorbar

「errorbar関数」は、「標準偏差のエラーバー」をプロットします。

●er.LineStyle='none'

「er.LineStyle='none'」は、「2つのエラーバーを結ぶ直線」を消すためのコマンドです。

このコマンドを入れない場合、図6-9のように2つのエラーバーの間に直線が残ります。

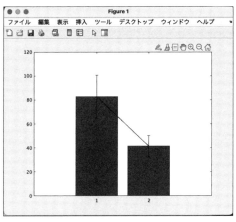

図6-9　エラーバー間の直線が残ったグラフ

●er.Color=[0 0 0]

「er.Color=[0 0 0]」は、「エラーバーの色」を設定しています。

「0～1」の値を入力することで、エラーバーの色を変更することができます。

たとえば、「er.Color=[0 0 1]」とすると、「青色」のエラーバーになります。

■棒グラフの色を変更するためのコマンド

MATLABを使うと、棒グラフの色を、さまざまな色に変えることが可能です。
（**図6-10**）

棒グラフの色を変えたい場合（たとえば、「緑色」にする場合）は、**リスト6-6**
のスクリプトの**3行目**を、

```
bar(heikin,'g');
```

と、書き換えます。

「**'g'**」は、「緑」を表わしています。

リスト6-6 棒グラフの色を変更するためのプログラム

```
1 -    d = importdata('sampledata.csv');
2 -    heikin=mean(d.data);
3 -    bar(heikin,'g');
4 -    sd=std(d.data);
5 -    hold on;
6 -    er=errorbar(heikin,sd);
7 -    er.LineStyle='none';
8 -    er.Color=[0 0 0];
```

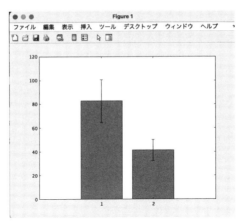

図6-10　グラフの色を変更する

●アルファベットでグラフの色を変更

　リスト6-6、3行目のアルファベット部分('g')を他のアルファベットに変更するだけで他の色に変更することができます。

　具体的には、以下のようなオプションがあります。

y: 黄
m: マゼンタ
c: シアン
r: 赤
b: 青
w: 白
k: 黒

■グラフの種類を変える

　MATLABを使えば、「グラフの種類」を簡単に変えることが可能です。

　たとえば、図6-11のように、「棒グラフ」を「折れ線グラフ」に変更したい場合は、リスト6-7の「bar(heikin,'g')」部分を、

```
plot(heikin,'g')
```

に、書き換えます。(3行目)

「xlim」(4行目)は、「x軸の最小値」(下の例では0)および「最大値」(下の例では3)を指定することができる関数です。

リスト6-7　グラフの種類を変えるプログラム

```
1 -    d = importdata('sampledata.csv');
2 -    heikin=mean(d.data);
3 -    plot(heikin,'g');
4 -    xlim([0 3]);
5 -    sd=std(d.data);
6 -    hold on;
7 -    er=errorbar(heikin,sd);
8 -    er.LineStyle='none';
9 -    er.Color=[0 0 0];
```

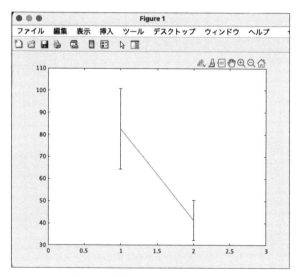

図6-11　「折れ線グラフ」に変更する

■ラインやマーカーの変更

折れ線グラフの場合、色だけでなく、ラインやマーカーを任意で変更することができます。

たとえば、ラインを「破線」、マーカーを「円」とする場合、**リスト6-8**の3行目

```
plot(heikin,'g');
```

の部分を、

```
plot(heikin,'g--o');
```

と、書き換えて実行します。

実行すると、**図6-12**のように変更できます。

リスト6-8　ラインやマーカーを変更するプログラム

```
1 -    d = importdata('sampledata.csv');
2 -    heikin=mean(d.data);
3 -    plot(heikin,'g--o');
4 -    xlim([0 3]);
5 -    sd=std(d.data);
6 -    hold on;
7 -    er=errorbar(heikin,sd);
8 -    er.LineStyle='none';
9 -    er.Color=[0 0 0];
```

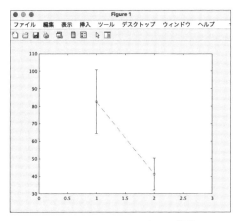

図6-12　ラインとマーカーの変更

●グラフの作成に関するオプションについての情報

上述したオプションの他にも、グラフの作成について多くの選択肢があります。

オプションに関する情報を確認したいときは、コマンドウィンドウで「help plot」を実行し、「参考」の「Lineのプロパティ」を選択します(図6-13)。

```
>> help plot
plot - 線形 2 次元プロット

    この MATLAB 関数 は、X の値に対応する Y のデータの 2 次元ライン プロットを作成します。

    plot(X,Y)
    plot(X,Y,LineSpec)
    plot(X1,Y1,...,Xn,Yn)
    plot(X1,Y1,LineSpec1,...,Xn,Yn,LineSpecn)
    plot(Y)
    plot(Y,LineSpec)
    plot(___,Name,Value)
    plot(ax,___)
    h = plot(___)

    参考 gca, hold, legend, loglog, plot3, title, xlabel, xlim, ylabel, ylim,
        yyaxis, Line のプロパティ

    plot のドキュメンテーション
    plot という名前のその他の関数

fx >>
```

図6-13　Lineのプロパティ

すると、図6-14のようにグラフのオプションに関する情報を確認することができます。

図6-14　グラフのオプションに関する情報

6-4 統計的検定(t検定)

第4節と第5節では、MATLABによる「実験データの統計的検定」(t検定・分散分析)の解説を行ないます。

■t検定

6-4節では、「2水準の実験データの統計的検定」として、「t検定」を解説します。

6-1「実験データの読み込み」で扱ったデータを「Condition1」と「Condition2」の2条件を与えた5名のデータ(S1, S2, S3, S4, S5)を用意します。(表6-1)

このデータで、MATLABのプログラムによる「t検定」(対応ありのt検定)を行ないます。

心理学実験では、「t検定」により条件間の有意差が見られるのかを検定するのかを確認することが求められます。

表6-1　本節で用いられたデータ

	S1	S2	S3	S4	S5
Condition 1	103	95	56	82	77
Condition 2	51.5	47.5	28	41	38.5

●MATLABコマンド

まず、6-1節で行なったように、データを読み込みます。
そして、6-1のスクリプトに2行目のコマンドを追加します。

リスト6-9　t検定のプログラム

```
1 -    d = importdata('sampledata.csv');
2 -    [h,p,ci,stats]=ttest2(d.data(:,1),d.data(:,2))
```

※「ttest関数」は、「対応ありのt検定」を行なう場合に用います。

コマンドを追加した後で、スクリプトを実行します。

その結果、MATLABのコマンドウインドウに**図6-15**の結果が出力されます。

```
h =

      1


p =

    5.1868e-04


ci =

    30.0683
    52.5317


stats =

  フィールドをもつ struct:

    tstat: 10.2092
       df: 4
       sd: 9.0457


fx >>
```

図6-15　t検定

■パソコン画面に表示された結果についての見方

コマンドウインドウに表示されたt検定の結果の見方について説明します。

●h

「h」は、仮説検定の結果です。

もし、「h=1」だった場合、有意水準で帰無仮説が棄却されることを示します。

また、「h=0」の場合、有意水準で帰無仮説が棄却できなかったことを示します。

●p

「p」は、「検定のp値」です。

「ci」は「信頼区間」です。

●stats

「stats」は「検定統計量」を示します。

「tstat」は「統計検定量の値」を、「df」は「自由度」を、「sd」は「母集団標準偏差のプールされた推定値、または母集団標準偏差のプールされていない推定値を含むベクトル」を意味します。

■対応なしのt検定（等分散を仮定する2標本による検定）

6-4節では、「対応のあるt検定」を行ないました。

「対応なしのt検定」（等分散を仮定する2標本による検定）を行なう場合は、「ttest関数」の代わりに「ttest2関数」を用います。

試してみてください。

6-5　　統計的検定（分散分析）

心理学実験を行なう際に、「3水準以上のデータ」を扱う場合や、「複数の要因のデータ」を扱う場合に、「分散分析」を用いることがあります。

この節では、MATLABを用いた「分散分析のプログラム」について解説します。

■「1要因」の分散分析

まず、「3水準以上のデータを含んだ1要因の分散分析」について、説明していきます。

＊

たとえば、図6-16のように、「Data1、Data2、Data3」の3水準分のデータがあると仮定します。

これについてのMATLABによるプロググラムを解説します。

A1	▲▼	✕ ✓	f_x	data1	
	A	B	C	D	
1	data1	data2	data3		
2	103	51.5	25.75		
3	95	47.5	23.75		
4	56	28	14		
5	82	41	20.5		
6	77	38.5	19.25		

図6-16　3水準分のデータ

●「1要因」の分散分析のプログラム

まず、「3水準ぶんのデータ」の分散分析をするプログラムを作ります。

リスト6-10のコマンドをスクリプトに書いてください。

リスト6-10　1要因の分散分析のプログラム

```
1 -    d = importdata('sampledata2.csv');
2 -    p=anova1(d.data);
```

※数値情報の入ったファイル(上記の例では「sampledata2.csv」という名前のついたファイル)が、スクリプトの保存先と同じ場所にあることが前提です。

スクリプトが出来たら、実行します。

●分散分析の結果と箱ひげ図

上記スクリプトの実行後、以下のような「分散分析の結果」(図6-17)と、「箱ひげ図」(図6-18)が表示されます。

結果から、「F」(F値)、「確率>F」(p値)、「df」(自由度)などを確認することができます。

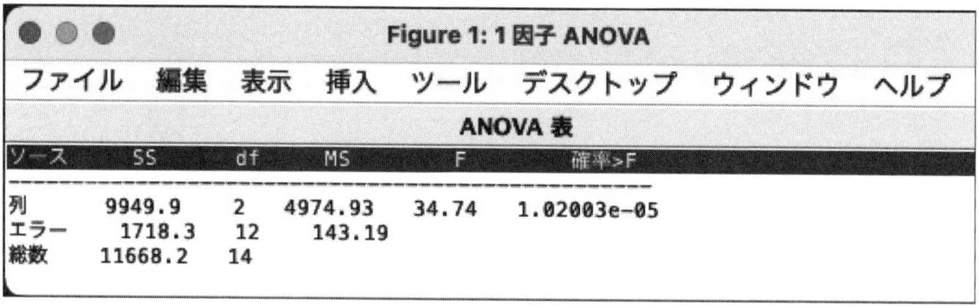

図6-17　分散分析の結果

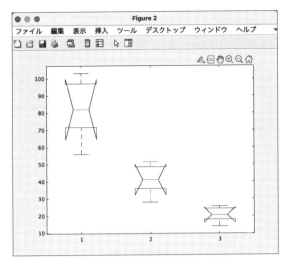

図6-18　箱ひげ図

■「2要因」の分散分析

　心理学実験では、複数の要因についての分散分析を行なうことがあります。
ここでは、「2要因の分散分析」のプログラムについて解説します。

　MATLABで「2要因の分散分析」を行なう際は、「anova2」という関数を使い
ます。

　まず、分析するため**図6-19**のデータを使います。
　このデータの意味は、「A要因」（a1、a2、a3）、「B要因」（b1、b2）、「サンプ
ル数2」の2要因ぶんのデータです。

A1	A	B	C	D
1		a1	a2	a3
2	b1	103	51.5	25.75
3	b1	95	47.5	23.75
4	b2	56	28	14
5	b2	82	41	20.5
6				

図6-19　2要因分のデータ

●2要因の分散分析のコマンド

2要因の分散分析するためのコマンド例は、**リスト6-11**の通りです。

リスト6-11　2要因の分散分析するためのプログラム

```
1 -     d = importdata('sampledata3.csv');
2 -     stats=anova2(d.data,2);
```

コマンドを実行すると、**図6-20**の検定結果の出力が得られます。

Figure 1: 2 因子 ANOVA

| ファイル | 編集 | 表示 | 挿入 | ツール | デスクトップ | ウィンドウ | ヘルプ |

ANOVA 表

ソース	SS	df	MS	F	確率>F
列	8232	2	4116	50.85	0.0002
行	918.75	1	918.75	11.35	0.0151
交互作用	262.5	2	131.25	1.62	0.2735
エラー	485.62	6	80.938		
総数	9898.88	11			

図6-20　「2要因の分散分析」の出力結果

●表示された結果の説明

図6-20の検定結果に書かれた分散分析表を説明します。

縦方向に、「列」と書かれている部分が、「A要因の主効果」です。
「行」と書かれているのが「B要因の主効果」を示します。

さらに、「交互作用」と書かれているのが、「A要因とB要因の交互作用の結果」を示しています。

横方向には、それぞれ「**SS**」(平方和)、「**df**」(自由度)、「**MS**」(平均平方)、「**F**」(*F*値)、「**確率>F**」(*p*値)が記載されています。

索 引